Wilhelm Große

Stundenblätter Lessings „Nathan" und die Literatur der Aufklärung

32 Seiten Beilage

Ernst Klett Verlag

Reihe: Stundenblätter Deutsch
Herausgeber dieses Heftes: Jürgen Wolff

Die vorliegende Unterrichtseinheit basiert im wesentlichen auf folgendem
Editionenheft (Hrsg.: Dietrich Steinbach):

Gotthold Ephraim Lessing ‚Nathan der Weise‘
Mit Materialien, ausgewählt und eingeleitet von Joachim Bark
Klettbuch 35116

Weitere Editionenhefte zum Thema:

Aufklärung – Sturm und Drang
Kunst- und Dichtungstheorien.
Mit Materialien, ausgewählt von Wilhelm Große
Klettbuch 35127

Sturm und Drang. Lyrik.
Mit Materialien, ausgewählt von Friedrich Burkhardt
Klettbuch 3525

CIP-Titelaufnahme der Deutschen Bibliothek

Große, Wilhelm:
Stundenblätter Lessings „Nathan"
und die Literatur der Aufklärung / Wilhelm Große. –
2. Aufl. – Stuttgart: Klett, 1988
  (Reihe: Stundenblätter Deutsch)
  ISBN 3-12-927485-5

2. Auflage 1988
Alle Rechte vorbehalten
Fotomechanische Wiedergabe nur mit Genehmigung des Verlages
© Ernst Klett Verlag GmbH u. Co. KG, Stuttgart 1987
Satz: G. Müller, Heilbronn; Wilhelm Röck, Weinsberg
Druck: Wilhelm Röck, Weinsberg
Einbandgestaltung: Zembsch' Werkstatt, München
ISBN 3-12-927485-5

Inhalt

1 Zur Konzeption der Unterrichtseinheit

1.1 Literaturdidaktische Voraussetzungen

Wer eine Unterrichtsreihe über eine literaturgeschichtliche Epoche konzipiert, muß sich über die impliziten Voraussetzungen eines solchen Unterfangens im klaren sein; im folgenden seien sie kurz benannt:

a) Eine erste Voraussetzung, die hier gemacht wird, ist, daß für das Verständnis eines Textes und seiner Problemstellung neben den textinternen Faktoren auch die textexternen von Wichtigkeit sind. Texte erschließen sich erst, wenn auch das Verhältnis zwischen Autor und Text, Text und Leser (wobei der zeitgenössische wie der gegenwärtige ins Auge zu fassen sind), Text und außertextliche Wirklichkeit als wichtige Faktoren bei der Textproduktion und Rezeption bedacht werden. Texte, so lautet die Voraussetzung, stehen in einem geschichtlichen Zusammenhang, reflektieren diesen und gestalten ihn mit, und nur ein Verstehen, das auf diese historische Dimension der Texte und zugleich auf den Zeitabstand zwischen Textentstehung und gegenwärtiger Textrezeption reflektiert, versteht den Text in adäquater Weise. Nur, wer die historische Dimension im Deutschunterricht beim Verstehen fiktionaler und nicht-fiktionaler Literatur für unverzichtbar hält, wird eine literaturgeschichtlich angelegte Unterrichtsreihe vertreten können.

b) Die zweite Voraussetzung, die hier gemacht wird, ist, daß literarische Epochen nicht als historisch Unumstößliches gegeben, sondern als Konstrukte der Wissenschaft zu begreifen sind. Epochalisierungsversuche sind immer davon abhängig, unter welchem Aspekt Epochen aus dem Fluß der Geschichte ausgegrenzt werden. Die Literaturgeschichtsschreibung belegt das, indem sie stilgeschichtliche Kriterien, ästhetische Strukturparallelen oder politische und sozialgeschichtliche Zäsuren bei der Periodisierung der Literaturgeschichte zur Orientierungshilfe hinzugezogen hat. Epochenbegriffe lassen sich nur als immer wieder diskussionsbedürftige soziale Verständigungsmuster begreifen, die nie unabhängig von den historischen Entstehungsbedingungen zu sehen sind. Periodisierungen sind immer wieder der Versuch, die Fülle der Ereignisse begreifbar zu machen. Sie sind von der Überzeugung getragen, die bestimmenden Kräfte und Vorgänge einer Epoche erfassen und das Verständnis geschichtlicher Entwicklungen sowie des eigenen historischen Standortes fördern zu können. Epochalisierungen sind daher schon Deutungen, Ergebnis einer Geschichtstheorie. Sie verweisen somit auf spezifische Fragen oder Hypothesen der Wissenschafts- oder Literaturgeschichte.

c) In der Epochalisierung liegt also bereits ein didaktisches Moment. Sie gliedert, strukturiert ein vorliegendes Textkorpus, einigt es unter einem Aspekt und macht damit die Mannigfaltigkeit der Texte auch für den Unterricht handhabbar. So willkommen aber auch ein solcher didaktischer Vorgriff auf die Literatur für den Deutschunterricht sein mag, die epochenorientierte Anlage einer Unterrichtsreihe oder gar des Deutschunterrichts in der Sekundarstufe II birgt manche Gefahr in sich. Ein Deutschunterricht, der es sich zum Ziel gesetzt hat, den Schülern die Kenntnisse literarischer Epochen zu vermitteln, bzw. der seinen Gegenstand, die Literatur, unter rein literatur-historischem Gesichtspunkt betrachtet, dürfte sein Ziel verfehlen. Sicherlich sollten dem Schüler Epochen als heuristische Gliederungs- und Orientierungsmöglichkeiten der Kulturgeschichte vorgestellt werden, er sollte mit den Epochen die Literatur als geschichtlich Gewordenes und geschichtlich Wirkendes begreifen lernen – aber all dies darf nicht der Pflege eines „antiquarischen" Interesses an der Geschichte (Nietzsche) dienen, darf nicht zum reinen Quiz-Wissen verkümmern, sondern auch bei der Behandlung von Epochen sollte bei der Strukturierung des Unterrichts und damit auch bei der Auswahl der Epochen und der entsprechenden Texte im Mittelpunkt stehen, daß sich der Schüler in der Epoche und in deren Texten zunächst einmal selbst wiedererkennt, daß er am anderen sich selbst wiederfindet und sich selbst als geschichtliches Wesen begreift.

1.2 Lernaspekte, die in der Unterrichtsreihe ausgeschlossen werden müssen

Unter der Bedingung, daß sich die geplante Unterrichtseinheit nicht über 20 Stunden ausdehnt und daß aus der Fülle möglicher Aspekte eine solche Auswahl getroffen werden muß, die sich mit den Interessen der Lebenswelt und den mitgebrachten Voraussetzungen der Schüler verbinden läßt, muß sich der Unterrichtende darüber Klarheit verschaffen, was er alles aus der Unterrichtseinheit an Gesichtspunkten, die die Epoche Aufklärung bietet, ausblenden will. Die Verluste sind schmerzlich, aber man kommt nicht umhin, sie hinzunehmen.

Im folgenden seien die Aspekte genannt, die in der Unterrichtsreihe bewußt vernachlässigt werden:
Die Aufklärung ist keine genuin deutsche Bewegung; im Gegenteil, sie ist eine gesamteuropäische Erscheinung. Die Niederlande, England und Frankreich haben für sie wichtige Vorleistungen eingebracht – man denke an Namen wie H. Grotius, Descartes, Montesquieu, Voltaire, Diderot, Rousseau, Hume, Locke. Aus Zeitgründen muß dieser Aspekt leider ausgeklammert bleiben.
Die deutsche Aufklärungsbewegung vollzieht sich in Phasen, die hier nicht im einzelnen berücksichtigt werden können. So teilt man sie gern in eine Früh-, Hoch- und Spätaufklärung. Die Texte für die Unterrichtsreihe entstammen weitgehend der Zeit um 1750–80, sind somit allenfalls repräsentativ für einen kleinen Abschnitt. Eine Epoche versteht man besser, wenn man sich vergegenwärtigt, von welcher sie sich abhebt. Für die Aufklärung bedeutet das, daß ihre wesentlichen Züge besser beleuchtet würden, wenn man sie der Epoche des Barock entgegenhalten würde. Auch diesen Aspekt muß die Reihe vernachlässigen. Gleiches gilt auch für die Fortentwicklung der Aufklärung. Zwar bildet der Sturm und Drang eine – im eingeschränkten Sinne – anschauliche Kontrastfolie zur Aufklärung, aber erst, wenn man mitbedenken könnte, in welchem Verhältnis Aufklärung, Sturm und Drang und Klassik zueinander stehen und wenn man die Romantik entweder als radikalisierende Aufklärung, als irrationalistische Gegenposition zur Aufklärung oder auch nur als wichtige Komplementärerscheinung zur Aufklärungsliteratur hinzuziehen könnte, wäre eine genauere Konturierung dessen, was man als Aufklärung versteht, möglich.
Parallel zur Aufklärung gibt es eine Fülle literarischer bzw. geistesgeschichtlicher

Bewegungen (Rokoko, Pietismus, Empfindsamkeit), die eigentlich nicht außer acht gelassen werden dürften, wenn man sich das bunte Spektrum der Epoche vor Augen halten will. Die Aufklärung kann man allenfalls, wie es G. Kaiser tut, als „epochale Grundschicht" bezeichnen, zu deren Profil aber auch ihre Transformationen in die Anakreontik, den Pietismus oder den Sturm und Drang gehören. Diesem Aspekt kann die Unterrichtsreihe nur mit größten Einschränkungen gerecht werden.

Die Aufklärungsbewegung endet nicht mit dem 18. Jahrhundert, im Gegenteil, als geistige Haltung dauert sie noch heute an, sie ist die Grundlage unseres modernen Denkens, und so gibt erst ihre geschichtliche Wirkung Auskunft über ihr Wesen. Diesen Wirkungen, Fortsetzungen und Konsequenzen aufklärerischen Denkens kann aber die Unterrichtseinheit in ihrer Anlage nicht weiter nachgehen, so daß selbst ein so wichtiger, heute sich immer deutlicher herausstellender Komplex, der mit dem Schlagwort der ‚Dialektik der Aufklärung' gerne in die Diskussion gebracht wird, unberücksichtigt bleibt, obwohl er eigentlich verdiente, ins Zentrum gerückt zu werden. Darum sollte, wer ihn für unverzichtbar hält, die Unterrichtsreihe in diesem Sinne erweitern oder modifizieren.

Im literatursoziologischen Bereich liegt der vorliegenden Unterrichtsreihe die These zugrunde, daß die Aufklärung im wesentlichen von einer neuen Schicht, dem Bürgertum, getragen wird. Diese These findet zwar in der gegenwärtigen Forschung weitgehend Zustimmung, nötig wäre aber, hier genauer soziologisch zu differenzieren, welche Art von Bürgertum gemeint ist, wie weit es sich etwa von dem Stadtbürgertum des Mittelalters, dem des 17. Jahrhunderts, dann aber auch des 19. oder des 20. Jahrhunderts unterscheidet

und was es mit diesem gemein hat. Will man den Deutschunterricht nicht überlasten bzw. mit verkürzten Soziologismen zudecken, so müssen solche Differenzierungen ausgespart bleiben; ebenso der ausführliche Nachweis einer Verbindung zwischen der sozio-politischen Entwicklung Deutschlands im 18. Jahrhundert und der damit korrespondierenden Literaturentwicklung.

Schließlich müssen auch insofern Abstriche bei der Unterrichtseinheit gemacht werden, als wichtige Schriftsteller überhaupt nicht vertreten sind (z. B. Hagedorn, Geßner, Gellert, Wieland oder Lenz), andere nur mit einem Text vorgestellt werden können (Klopstock, Schiller). Und selbst für jene Autoren, die gleich in mehreren Zusammenhängen und durch mehrere Werke vertreten sind, reicht die Textgrundlage sicherlich nicht dazu aus, sich ein zulängliches Bild von ihnen, ihrem Werk und ihrer literaturgeschichtlichen Bedeutung zu machen. Dies gilt z. B. auch für Lessing.

Die Auswahlkriterien und das Prinzip des Exemplarischen, nach dem die Unterrichtseinheit eingerichtet wurde, fordern auch Kürzungen, was zur Folge hat, daß der Schüler keinen Einblick in die Entstehung und Entwicklung der für die Aufklärung typischen literarischen Gattungen oder deren Transformation gewinnt. Ein besonders schmerzlicher Verlust – bedenkt man, daß somit z. B. die Entwicklung der Komödie über die sächsische Typenkomödie, das weinerliche Lustspiel, die Charakterkomödie und die eigenartigen sozialkritischen Komödien Lenzscher Manier (‚Der Hofmeister', ‚Die Soldaten') ausgeschlossen bleiben müssen, daß kein Wert auf die Entstehung des bürgerlichen Trauerspiels bzw. Romans gelegt werden kann oder Gattungen wie das Lehrgedicht, das komische Epos, die Literatursatire, die Fabel, die Ballade und schließlich die Moralischen Wochenschriften nicht behandelt werden können.

1.3 Lernaspekte der Unterrichtsreihe

Nach der Auflistung jener Aspekte, die innerhalb der Unterrichtsreihe überhaupt nicht oder allenfalls peripher angesprochen werden können, seien nun die Gesichtspunkte genannt, auf die hin die vorliegende Unterrichtsreihe konzipiert ist. Die Reihe über die literaturgeschichtliche Epoche Aufklärung ist so angelegt, daß die Schüler erkennen, daß

- Aufklärung als Prozeß gedacht ist, der zwar intentional auf das Erreichen eines aufgeklärten Zeitalters hin angelegt ist, von dem man aber weiß, daß dieses Ziel immer nur approximativ zu erreichen ist;
- Aufklärung immer mit dem skeptischen Bewußtsein sich verbindet, die letzte Wahrheit noch nicht gefunden zu haben, und darum für Toleranz plädiert;
- Aufklärung – trotz all ihrer skeptischen Züge – Geschichte als Progression begreift, als einen Weg zu einer für das Individuum wie für die Gesellschaft immer mehr sich vervollkommnenden Glückseligkeit;
- Aufklärung im wesentlichen Kritik ist, die prinzipiell nichts Vorgegebenes gelten läßt, es sei denn, daß sie es überprüft und für gültig befunden hat;
- Aufklärung der Kampf gegen Vorurteile ist, die sich vor der Kritik der eigenen Vernunft, die als Vermögen allen Menschen in gleicher Weise zugeschrieben wird, oder einer anderen, nicht weiter zu hinterfragenden Berufungsinstanz zu bewähren haben;
- Aufklärung somit den Weg des Menschen aus seiner selbstverschuldeten Unmündigkeit bedeutet, den Menschen damit auf seine Selbständigkeit bzw. Autonomie verweist und verpflichtet;
- Aufklärung sich auf das Feld der Wissenschaft einschließlich der Theologie, der Moral und Politik, aber auch der Kunst erstreckt;
- Aufklärung den Menschen auf seine Naturrechte und damit auf das Prinzip der Freiheit, Gleichheit und Brüderlichkeit verweist;
- Aufklärung die Menschen in ihrem Wesen gleich begreift und darum den einzelnen als Weltbürger betrachtet;
- Aufklärung eine Bewegung ist, die im wesentlichen vom bürgerlichen Mittelstand getragen wird, der sich selbst als allgemein-menschlich versteht;
- das hier genannte Bürgertum noch eine sehr starke Binnendifferenzierung aufweist, so daß von einer in sich einheitlichen Schicht als soziologischer Komponente noch nicht gesprochen werden kann;
- Aufklärung im wesentlichen auf die menschliche Praxis hin denkt, das Denken in den Dienst des Handelns, im Sinne des gut Handelns, gestellt sein will;
- die Bewegung der Aufklärung u. a. zur politischen Umgestaltung hat beitragen können (Französische Revolution);
- die Bewegung der Aufklärung in Deutschland aufgrund der noch verhältnismäßig stabilen sozialen und politischen Verhältnisse im Absolutismus keine sozialen Reformen im Sinne eines liberalen Bürgertums hat zeitigen können;
- Aufklärung sich im wesentlichen im Medium des Gesprächs vollzieht, wobei dieses Gespräch im gelehrten Disput, im öffentlichen Bereich oder auch im privaten kleinen Kreis sich vollziehen kann;

- Aufklärung von den Aufklärern nicht nur als eine Sache der Gebildeten verstanden wird, sondern auch den ‚einfachen Mann' miteinbeziehen will;
- Aufklärung folglich ein pädagogisches Unternehmen ist, in dessen Dienst sich auch die Literatur stellen soll, da sie es vermag, dem einfachen Menschen die Wahrheit, die oft bitter sein kann, verzuckert zu sagen;
- die Literatur der Aufklärung sich vor allem lehrhafter Formen der Dichtung bedient, wie z. B. der Abhandlung, der Streitschrift, des Theaters als ‚moralischer Anstalt';
- sich im Laufe des 18. Jahrhunderts der literarische Markt in Deutschland wesentlich ändert, was die Zahl der Leser, die Änderung des Publikumsgeschmacks usw. betrifft;
- Aufklärung auch ein nationalpädagogisches Anliegen verfolgt.

In einigen Fällen wird bei der Textauswahl von dem Prinzip, nur Texte zuzufügen, die normalerweise der Epoche der Aufklärung hinzugerechnet werden, abgewichen. Das gilt für eine Textzusammenstellung anakreontischer Gedichte, für einen Klopstock-Text und einige Goethe-Texte. Geht es bei der Besprechung der anakreontischen Gedichte und dem Klopstock-Text darum, eine allzu starre Vorstellung von der Literatur der Aufklärung zu verhindern, indem Anakreontik und Empfindsamkeit als Variationen aufklärerischer Literatur vorgestellt werden, weist das hier vorgestellte Textkorpus auch einige Texte auf, die weitgehend dem Sturm und Drang zugerechnet werden. Ich sehe mich zur Hereinnahme vor allem der Texte des jungen Goethe berechtigt, da es sich inzwischen als nicht mehr haltbar erwiesen hat, eine eindeutige Grenze zwischen den Epochen Aufklärung und Sturm und Drang zu ziehen, bzw. beide

Epochen in Gegensatz zueinander zu bringen. In der Literaturwissenschaft hat sich seit geraumer Zeit die Ansicht durchgesetzt, den Sturm und Drang als eine konsequente Weiterentwicklung und Revolutionierung aufklärerischen Denkens und Dichtens zu verstehen. Insofern sehe ich mich legitimiert, an wenigen Texten zumindest anzudeuten, wie aufklärerische Positionen weitergedacht werden. Entsprechend der oben geäußerten These, daß die Aufklärung die „epochale Grundschicht" bilde, die sich in verschiedener Weise transformiere, gelten für die spezielle Transformation Sturm und Drang die folgenden Überlegungen:

Karl Eibl hat 1977 folgenden Vorschlag für eine Phaseneinteilung der Literaturgeschichte im Kontext der Entwicklung bürgerlicher Intersubjektivität im 18. Jahrhundert unterbreitet, der dazu dienen kann, die Phase des Sturm und Drang innerhalb dieses Prozesses einzuordnen:

„Phase der normativen Forderung: Normen, die der Herstellung der Intersubjektivität dienen, werden als ‚Vernunft'-Einsichten formuliert, Abweichungen sind ‚Irrtümer', sie werden vorwiegend von der Gesellschaft der ‚Vernünftigen' bestraft.

Phase der Verinnerlichung: ‚Vernunft' und ‚Herz' sollen in Übereinstimmung gebracht werden, Normen werden als Bestandteil der gesamten moralischen Persönlichkeit empfunden, der Abweichler wird von seinem ‚Gewissen' bestraft, während die Sanktion von ‚außen' nur Hilfsfunktion besitzt.

Erste binnenbürgerliche Rebellion: Die Verinnerlichung erreicht einen kritischen Punkt, die Instanz des ‚Herzens' macht sich selbständig, wird (wieder) zur ‚Leidenschaft', die neue Generation spürt wieder die Normativität der errungenen ‚bürgerlichen' Intersubjektivität und empfindet sie als Zwang und Gewalt." (Eibl: Identitätskrise und Diskurs, in: Jahrbuch der Deutschen Schillergesellschaft, XXI, 1977, S. 139.)

Ausgehend von der These, daß sich im 18. Jahrhundert die Feudalgesellschaft auflöse und sich die bürgerliche Gesellschaft allmählich konstituiere, erlaubt das vorgestellte Schema, Literatur und gesellschaftliche Entwicklung in einem engen Konnex zu sehen. Literatur leistet danach zur gesellschaftlichen Konstitution einen wichtigen Beitrag, weil sie als Medium eines öffentlichen Diskurses fungiert, in dem gesellschaftliche Normen gesetzt, stabilisiert oder kritisch überprüft werden können. Die Phase des Sturm und Drang zeichnet sich nun dadurch aus, daß sie zwar teilhat an dem Problem der Konstitution einer neuen sozialen, nunmehr bürgerlichen Trägerschicht, daß sie aber die vom Bürgertum bislang vorgelegten Lösungsversuche weitgehend verwirft, indem sie ihre Unzulänglichkeiten aufdeckt. Der so oft beobachtete radikale oder gar revolutionäre Gestus des Sturm und Drang wäre demnach darin zu sehen, daß er literarisch konzipierte Modelle gesellschaftlichen Zusammenlebens kritisch hinterfragt und auf ungewöhnlich scharfe Weise die Suche nach gesellschaftlichen Letztbegründungen vorantreibt. Diese emanzipatorischen Tendenzen verbinden den Sturm und Drang deutlich mit der Literatur der Aufklärung.

Die Stärke des Sturm und Drang liegt jedoch weniger in dem Aufweis eines realisierbaren Gesellschaftsmodells und dem Nachweis eines gangbaren Weges, wie eine neue Form der Gesellschaft zu erreichen sei, als in dem Nachweis, wie die bürgerliche Gesellschaft und ihre Normen die volle Entfaltung des Individuums blockieren und somit seine Emanzipation vereiteln. Der emphatische Hinweis auf die Natur gilt hierbei als Korrektiv bzw. Maßstab. ‚Leben‘ und ‚Handeln‘ sind mit ‚Natur‘ austauschbare Begriffe geworden.

Natur meint nun nicht mehr die Vernunftnatur der Rationalisten, sondern eine Totalität oder Ganzheit, die der einzelne in sich entdecken oder mit der er sich vermitteln soll. Der Austausch der Begriffe Vernunft und Natur soll folglich einer gefahrvollen Verengung und Vereinseitigung des Menschenbildes entgegenarbeiten, die die Stürmer und Dränger aufdeckten:

„Was [zunächst noch] unter den Bedingungen der frühen Aufklärung unumgänglich war, entfaltete im Fortschreiten seine Bedingtheit, wurde unter veränderten Verhältnissen obsolet: in der sog. Spätaufklärung können wir Tendenzen der Verfestigung, ja Verdinglichung der Vernunft ausmachen, wenn diese selbst autoritative Geltung verlangt, ihren selbstkritischen Charakter aufgibt und damit beckmesserisch-engstirnig wird. Dennoch erreichte das Bürgertum in der Rationalen Phase der Aufklärung zwischen 1720 und 1760 im Bemühen um eine geistige Befreiung von [primär geistlicher] Bevormundung, im Diskurs über vernünftige Normen im Rahmen von Öffentlichkeit erstmals eine gewisse Identität durch die Formulierung der eigenen Interessen und deren Absetzung von jenen der Herrschenden, deren Macht dadurch nicht angetastet wurde: die politischen Konsequenzen vernunftbestimmter Legitimationspraxis mußten ungezogen bleiben. In diesem Stadium des Emanzipationsprozesses blieb das bürgerliche Individuum eindimensional dem Vernunftprinzip unterworfen: zwischen der Vernunft und dem sinnlichen Teil sollte ein harmonischer Kompromiß herrschen (wie zwischen Fürst und Untertan), der sich jedoch in der Praxis als ein Herrschaftsverhältnis darstellte, das dem wachsenden Selbstbewußtsein und Selbstwertgefühl nicht mehr genügen konnte: seit den sechziger Jahren artikuliert sich ein wachsendes Bedürfnis nach der Anerkennung eines umfassenden Menschenbildes, nach der individuellen Erfüllung des allgemeinen Konzepts, nach einer Vereinheitlichung von Denken, Fühlen und Handeln. [...] Die Stürmer und Dränger radikalisieren diese Entwicklung insofern, als sie eine vollständige Autonomie der Gefühle und Leidenschaften von allen vernunftbestimmten Moralvorstellungen [...] im Rahmen einer umfassenden Selbstbestimmung des Individuums forderten, welche die Aufklärung auf die geistige Sphäre beschränkt hatte. [...] Das Individuum in seiner Unvergleichbarkeit löst den Primat der Vernunft ab, wobei die theoretische Verarbeitung dieser Programmatik selbst individualistisch, unsystematisch, emphatisch-genial erfolgt." (Chr. Siegrist: Aufklärung und Sturm und Drang. Gegeneinander oder Nebeneinander?, in: Walter Hinck [Hrsg.]: Sturm und Drang, Kronberg 1978, S. 5f.)

Entsprechend diesen Ausführungen über das Verhältnis von Aufklärung und Sturm und Drang gelten für die Unterrichtsreihe auch folgende Lernaspekte. Die Schüler sollen erkennen, daß

– der Sturm und Drang die Forderungen der Aufklärung nochmals radikalisiert;
– der Sturm und Drang eine vor allem von der damals jüngeren Schriftstellergeneration getragene Bewegung ist, in der sich somit vor allem ein Generationskonflikt dergestalt durchsetzt, daß die Jüngeren die Widersprüche der Gesellschaft offener thematisieren und ihnen deutlicher an der Autonomie des einzelnen und weniger der Eingliederung des einzelnen in das Gesamt der bürgerlichen Gesellschaft gelegen ist;
– der Sturm und Drang den Dichter nicht mehr als Nachahmer, sondern als ‚second maker under God‘, bzw. ‚Dolmetscher der Natur‘ begreift;
– der Sturm und Drang somit den Schritt von der Wirkungsästhetik der Aufklä-

rung zur Produktionsästhetik vollzieht;
– der Sturm und Drang den Dichter mit einem genialen, ihm eigenen Selbstbewußtsein ausgestattet sieht, so daß das einzelne poetische Ingenium unauswechselbar und in seiner Einzigartigkeit verstanden werden muß, womit ein neuer Verstehensbegriff inauguriert wird;
– das Individuum sich seines unmittelbaren, nicht weiter gesellschaftlich vermittelten Ursprungs in der Natur vergewissert;
– der Sturm und Drang nach unmittelbaren, nicht weiter konventionalisierten Formen des poetischen Ausdrucks sucht.

1.4 Zur Anlage der Unterrichtsreihe

Die Unterrichtsreihe ist auf 20 Unterrichtsstunden hin konzipiert. Sie ist so strukturiert, daß sie gleich einem Baukasten aus einzelnen Blöcken besteht, die untereinander zum Teil austauschbar, auswechselbar gegen andere und sogar erweiterbar sind. Einzelne Segmente können auch ganz aus der Unterrichtseinheit ausgeschlossen werden, wenn es z. B. an Zeit fehlt oder der Unterrichtende glaubt, auf die entsprechenden Lernziele verzichten zu können.

Dort, wo es von seiten der Lehrpläne her gefordert wird (z. B. in Rheinland-Pfalz), einen Text aus einem zu wählenden Epochenschwerpunkt mit Texten aus der Moderne unter einem thematisch übergreifenden Gesichtspunkt zusammenzustellen, bietet das Baukastenprinzip an, entsprechende Erweiterungen vorzunehmen. Wenn auch die Reihe für Modifikationen offen ist, so verbürgt doch die hier vorgeschlagene Anordnung eine gewisse Konsistenz und trachtet nach gleitenden Übergängen zwischen den einzelnen Blöcken: Wir beginnen mit einer Analyse der Schrift Kants ‚Beantwortung der Frage: Was ist Aufklärung?‘ Die Anfangsstellung dieser Schrift sollte auf jeden Fall gewahrt bleiben, stellt sie doch eine exzellente Ausgangsbasis für die folgenden Texte und Lernschritte dar. Zwar finden die Schüler nicht sehr leicht Zugang zu diesem Text, aber er liefert grundlegende Aussagen zum Selbstverständnis der Aufklärung, zur Zielbestimmung aufklärerischen Tuns. Er verbindet diese Aspekte mit dem Problem bürgerlicher Öffentlichkeit, dem privaten und öffentlichen Gebrauch der Vernunft, und er zeigt auf, wie sich das Zeitalter der Aufklärung mit dem aufgeklärten Absolutismus verbindet. Wenn Kant eher für die Reform als die Revolution plädiert, kündigt sich in dem nachfolgenden Auszug aus Erhards Schrift die revolutionäre Variante einer sich radikalisierenden Aufklärung an, während in dem Lexikonartikel ‚Aufklärung‘ aus einem Standardlexikon die Vorbehalte gegenüber aufgeklärter Position noch heute vernehmbar bleiben.

Hatte bereits Kants Text auf die bürgerliche Öffentlichkeit und damit auf das Medium verwiesen, in dem sich Aufklärung vollzieht, soll in einer Doppelstunde das sich im 18. Jahrhundert konstituierende bürgerliche Publikum näher beleuchtet werden, indem auf die sich verändernden Bedingungen des Buchmarktes, der Lesebedürfnisse bzw. des Bürgertums als neuer sozialer und kultureller Trägerschicht verwiesen wird. Während somit in dieser Teileinheit ein wenig Zeitkolorit geschaffen werden soll, nimmt die Analyse des Lessingschen Dramas ‚Nathan der Weise‘ in den vorangegangenen Kapiteln angesprochene Gesichtspunkte wieder auf. Der Schwerpunkt der Nathan-Interpretation liegt dabei auf dem impliziten pädagogischen Moment, das von Lessings Drama

ausgeht, wobei jedoch das Drama nicht auf eine ‚reine Lehre‘ verkürzt werden kann. Die Erziehung zu aufgeklärtem Verhalten, wie sie von Nathan praktiziert wird, ist ein komplizierterer Prozeß, als daß man sie auf eine Erziehung zur Menschlichkeit bzw. Toleranz, wie es gerne geschah, verkürzen könnte, denn das Drama stellt auch die Gefährdungen dieses Erziehungsprozesses immer mit dar. Lessing weiß um die Fragilität des utopischen Schlußbildes, um die Gefährlichkeit der nicht abstellbaren Leidenschaften, Schwärmereien und des Fanatismus. Er verweist auf die Priorität des Handelns, da Wahrheit nie in ihrer Unmittelbarkeit, sondern nur in ihrer jeweiligen Vermitteltheit (Kontingenz) erfahrbar ist.

Wir vervollständigen die Interpretation des ‚Nathan‘ durch eine Analyse ausgewählter Paragraphen aus Lessings Abhandlung ‚Die Erziehung des Menschengeschlechts‘. Beide Texte verbindet u. a., daß sowohl das Drama wie auch die ‚Erziehungs‘-Schrift mit der utopischen Vorstellung eines Zeitalters schließen, in dem die Menschheit befriedet ist und das Gute nur um des Guten willen getan wird.

Um den nächsten Unterrichtskomplex einzuleiten, bedarf es nochmals des Rückverweises auf die Entstehungsgeschichte des ‚Nathan‘. Nachdem der Fragmenten-Streit durch den Zensurerlaß beendet worden war, beschloß Lessing bekanntlich, nunmehr wieder seine alte Kanzel, das Theater, zu betreten, um hier den „Theologen einen ärgern Possen zu spielen, als noch mit zehn Fragmenten“. Dieser Ausspruch zeigt deutlich, daß Lessing das Theater als eine Stätte begriff, von der aus Wirkungen auf die Öffentlichkeit möglich waren. Genau um diesen Aspekt der ‚Schaubühne als eine moralische Anstalt‘ geht es auch in der entsprechend betitelten Schillerschen Abhandlung, die noch ganz dem poetologischen Denken der

Aufklärung verhaftet ist. Hier findet sich der wirkungspoetologische Standpunkt deutlich artikuliert.

Mit Schillers Abhandlung wäre ein bündiger Schluß für die Unterrichtsreihe gefunden, zumal Schillers Aufgabenzuweisung an das Theater der Aufgabe des öffentlichen Gebrauches der Vernunft bei Kant bzw. der kritischen Funktion der Moral bei Erhard weitgehend entspricht. Wir wollen uns jedoch mit diesem Abschluß nicht begnügen und fügen noch eine weitere, kleinere Einheit von drei Ergänzungsstunden bei, die dazu gedacht sind, ein zu enges Verständnis der Literatur der Aufklärung zu verhindern.

Es wäre illusorisch anzunehmen, die Schüler gewännen innerhalb der drei Stunden mehr als einen ersten Eindruck davon, daß die Literatur der Aufklärung im 18. Jahrhundert viele Facetten hat und daß sich der Sturm und Drang konsequent aus der Aufklärung entwickelt, indem er deren Ansätze weiterdenkt und literarisch radikalisiert. Ein erster Überblick – denn mehr kann es nicht sein – wird den Schülern anhand einer Auswahl von Liebesgedichten vermittelt, die zum Teil aus der Anakreontik, der Empfindsamkeit oder dem Sturm und Drang stammen und deren Verfasser Luis, ein Anonymus, Weiße, Klopstock und Goethe sind. An diese Zusammenstellung von Liebesgedichten schließt sich die letzte Stunde an, die sich – vorbereitet durch die Analyse von Goethes ‚Maifest‘ in der vorangegangenen Stunde – nochmals eines Textes des Sturm und Drang annimmt (Goethe ‚Prometheus‘), der in seiner ganzen formalen und inhaltlichen Radikalität einen Ausblick auf jene Entwicklung eröffnet, die der Sturm und Drang nehmen wird.

Dieser Überblick über die einzelnen Themenblöcke zeigt, daß die Reihe so angelegt ist, daß der Schüler mit einer Mannigfaltigkeit von Textarten konfrontiert wird (Drama, lyrische Texte, poetologische Abhandlung, philosophischer Text, Lexikonartikel usw.). Insgesamt setzt die Unterrichtsreihe also einen Schüler voraus, der in der Sekundarstufe I bereits gelernt hat, Dramen zu analysieren, der Vertrautheit im Umgang mit lyrischen Texten gewonnen hat und in der Lage ist, theoretische Texte zu verstehen. Sollte Letzteres nicht vorausgesetzt werden können, so sind die einzelnen Analysen so zu gestalten, daß der Schüler auch diese Fähigkeit innerhalb dieser Unterrichtsreihe erst erlernen kann.

1.5 Übersicht über die Unterrichtsreihe

Vorbereitungen:
Anschaffung des Editionenbandes „Nathan der Weise"
Lektüre des ‚Nathan' und Erstellen eines Szenariums (s. S. 19 f.)
Vergabe der Referate (s. hier und S. 19 f.)
Einrichten und Bereitstellen einer Handbibliothek

Stunde	Texte und Themen	Hausaufgaben und Referate
1. Stunde	Kant: Beantwortung der Frage: ‚Was ist Aufklärung?' (1784) (s. S. 23 ff.)	Hausaufgabe: Lektüre der Abschnitte 4–10
2./3. Stunde	Kant: Beantwortung der Frage: ‚Was ist Aufklärung?'	Referat: Friedrich II. Textgrundlage: Im Unterricht benutzte Geschichtsbücher, Universallexikon Hausaufgabe: Hamann-Zitat erläutern (s. loses Stundenblatt S. 4)
4. Stunde	Erhard: Über das Recht des Volks zu einer Revolution (1795) (s. S. 37 f.) Grundgesetz	
5. Stunde	Herders Konversationslexikon: Aufklärung (s. S. 41 f.)	Hausaufgabe: Verfassen eines eigenen Lexikonartikels
6./7. Stunde	Bürgertum als soziale Trägergruppe der Aufklärung und der Literatur des 18. Jahrhunderts. Voss: Stand und Würde (s. S. 44) Auswertung von Schaubildern und Statistiken (s. S. 45 ff.)	evtl. Referate: Soziale, ökonomische und politische Voraussetzungen im 18. Jahrhundert Textgrundlage: Geschichte der deutschen Literatur, hrsg. v. J. Bark u. a., Bd. I, Stuttgart 1983, S. 26–33 Situation der Autoren im 18. Jh. Situation des Buchhandels im 18. Jh. Situation des Publikums im 18. Jh. Textgrundlage: Editionenband „Aufklärung – Sturm und Drang. Kunst- und Dichtungstheorien". Materialienteil (S. 88–113) Erstellen einer Übersicht zu Brockes, Gottsched, Haller, Gleim, Klopstock, Lenz, Lessing (s. S. Stundenblatt)

8. Stunde	Mendelssohns Schreiben an Lavater (1769) (s. S. 50 ff.)	Referat: Situation der Juden im 18. Jh. Textgrundlage: Ch. W. Dohm: Über die bürgerliche Verbesserung der Juden (in: Arbeitsbuch Deutsch. Sekundarstufe II, Literatur und Gesellschaft, Schroedel, S. 148–150) Hausaufgabe Bis zur nächsten Stunde soll der „Nathan" ganz gelesen sein. Nochmalige Lektüre des 1. Aktes.
9./10. Stunde	Exposition, Figurenkonstellation und Handlungsstränge im ‚Nathan' (1779) (Editionenband „Nathan der Weise") Einsatz der Schallplatte „Nathan der Weise", Deutsche Grammophon Gesellschaft 43028/9	Hausaufgabe: Lektüre der Szenen I, 1, 2, 5; II, 5; III, 10; IV, 2, 6, 8
11./12. Stunde	Nathan und das Problem der Verständigung	Hausaufgabe: Charakterisierung Saladins (I, 3; II, 1; III, 4, 5, 7; IV, 4)
13./14. Stunde	Die Suche nach der unmittelbaren Wahrheit und nach einer neuen Identität: Die ‚Ringparabel' und die Entwicklung des Tempelherrn Die Ringparabel aus Boccaccios „Decamerone" (Editionenband „Nathan der Weise", S. 159–161) Einsatz der Schallplatte	
15. Stunde	Formen der Weisheit: Klosterbruder, Derwisch, Nathan	
16. Stunde	Lessing: Erziehung des Menschengeschlechts (1780) (s. S. 83 ff.)	Hausaufgabe: Lektüre von Schillers Rede: Was kann eine gute stehende Schaubühne eigentlich wirken? (s. S. 89 ff.)
17. Stunde	Schiller: Was kann eine gute stehende Schaubühne eigentlich wirken?	Referate: Die Entstehung des ‚Nathan' Textgrundlage: Editionenband „Nathan der Weise", S. 144–154 Die Nationaltheaterbewegung im 18. Jahrhundert. Textgrundlage: Editionenband „Aufklärung, Sturm und Drang. Kunst- und Dichtungstheorien", S. 114–117

18. Stunde (Ergänzungsstunde)	Liebesgedichte von Luis (1747), von einem anonymen Verfasser (1752), Weiße (1758) und Goethe (1767), Gleim-Text (s. S. 104f. und Editionenband „Sturm und Drang. Lyrik")	Hausaufgabe (evtl.) Interpretation des Klopstock-Gedichts „Das Rosenband" (s. S. 111)
19. Stunde (Ergänzungsstunde)	Liebesgedichte von Klopstock (1762) und Goethe (1771) (s. S. 111 und Editionenband „Sturm und Drang. Lyrik")	Hausaufgabe: Information über den Prometheus-Mythos
20. Stunde (Ergänzungsstunde)	Goethe „Prometheus" (1774) (s. S. 115 und Editionenband „Sturm und Drang. Lyrik") Goethe: Auszug aus Dichtung und Wahrheit (s. S. 118) Anthony Ashley Cooper (s. S. 118)	

1.6 Literaturhinweise

Es gibt eine unüberschaubar gewordene Fülle von Literatur zu dem Themenkreis ‚Aufklärung'. Im folgenden seien einige Titel genannt, die dazu dienen können, sich leicht und kompakt einen Überblick über die Epoche, den neuesten Forschungsstand und über die literarischen Hintergründe zu verschaffen. (Einige der hier genannten Werke sind illustriert und können mit ihrem Bildmaterial sicherlich auch innerhalb der Unterrichtsreihe ausgewertet werden.)
Empfehlenswert wäre es sogar auch – sollte der Zugriff auf die im folgenden aufgeführten Veröffentlichungen möglich sein –, sie den Schülern in Form einer Präsenzbibliothek während der Unterrichtsreihe zugänglich und verfügbar zu machen.

Bark, Joachim u. a. (Hrsg.): Geschichte der deutschen Literatur. Bd. 1 Aufklärung/Sturm und Drang, Stuttgart 1983.
Grimminger, Rolf (Hrsg.): Hansers Sozialgeschichte der deutschen Literatur. Deutsche Aufklärung bis zur Französischen Revolution. 1680–1789, München 1980 (= Hansers Sozialgeschichte der deutschen Literatur 3).
Hinck, Walter (Hrsg.): Europäische Aufklärung I. Wiesbaden 1974 (= Neues Handbuch der Literaturwissenschaft 11).
Kiesel, Helmuth u. Paul Münch: Gesellschaft und Literatur im 18. Jahrhundert. Voraussetzungen und Entstehung des literarischen Markts in Deutschland, München 1977 (= Beck'sche Elementarbücher).
Kopitzsch, Franklin (Hrsg.): Aufklärung: Absolutismus und Bürgertum in Deutschland. Zwölf Aufsätze, München 1976.
Pütz, Peter: Die deutsche Aufklärung. Darmstadt 1978 (= Erträge der Forschung 81).
Pütz, Peter (Hrsg.): Erforschung der deutschen Aufklärung, Königstein/Ts. 1980 (Neue Wissenschaftliche Bibliothek 94).
Stuke, Horst: Aufklärung. In: Geschichtliche Grundbegriffe. Historisches Lexi-

kon zur politisch-sozialen Sprache in Deutschland, hrsg. von Otto Brunner u. a.; Bd. 1, Stuttgart 1972, S. 243–342.

Wessels, Hans-Friedrich (Hrsg.): Aufklärung. Ein literaturwissenschaftliches Studienbuch, Königstein/Ts. 1984.

Wiese, Benno von (Hrsg.): Deutsche Dichter des 18. Jahrhunderts. Ihr Leben und Werk. Berlin 1977.

Wuthenow, Ralph-Rainer (Hrsg.): Zwischen Absolutismus und Aufklärung: Rationalismus, Empfindsamkeit, Sturm und Drang, Reinbek 1980 (= Deutsche Literatur. Eine Sozialgeschichte 4).

1.7 Vorbereitung der Unterrichtsreihe

Im folgenden seien kurz jene Arbeiten zusammengestellt, die der Unterrichtende seinen Schülern rechtzeitig ankündigen und vergeben sollte. Nähere Ausführungen finden sich in den jeweiligen Kapiteln.

2./3. Stunde:
Schülerkurzreferat über ,Friedrich den Großen' als aufgeklärten absolutistischen König (Grundlage: im Unterricht benutzte Geschichtsbücher, Universallexikon, Geschichtshandbücher)

6./7. Stunde:
Schülervortrag über die sozialen, ökonomischen und politischen Voraussetzungen des 18. Jahrhunderts und die Veränderungen des literarischen Marktes
Textgrundlage: Geschichte der deutschen Literatur, hrsg. v. J. Bark u. a., Bd. 1 Aufklärung/Sturm und Drang, Stuttgart 1983, S. 26–33
oder
Schülervorträge zu folgenden Themen:
Die Situation der Autoren im 18. Jahrhundert in Deutschland

Die Situation des Buchhandels im 18. Jahrhundert in Deutschland
Die Situation des Publikums im 18. Jahrhundert in Deutschland
Grundlage: s. Materialienteil des Editionenbands ,Aufklärung/Sturm und Drang. Kunst- und Dichtungstheorien', S. 88–113
oder
sieben Schüler übernehmen es, die wichtigsten Daten (Geburts- und Sterbedatum, Beruf, Wirkungsort, wichtige Werke mit Gattungsbezeichnung) zu folgenden Autoren zu ermitteln: Brockes, Gottsched, Haller, Gleim, Klopstock, Lenz, Lessing.

8. Stunde:
Schülervortrag über die Situation der Juden im 18. Jahrhundert in Deutschland
Grundlage: Altmann, Zur Lage der Juden, im Editionenband ,Nathan der Weise', S. 164f.; oder: Dohm, Über die bürgerliche Verbesserung der Juden, s. Arbeitsbuch Deutsch. Sekundarstufe II, Literatur und Gesellschaft, Schroedel, S. 148–50

Ab 9. Stunde:
Ab dieser Stunde sollte der ,Nathan' von den Schülern ganz gelesen worden sein. Weil es ein recht umfangreiches Drama ist, müssen die Schüler vorab zur Lektürebeschaffung und zum Lesen des Dramas genügend Zeit eingeräumt bekommen. Wir legen Wert auf eine vorausgegangene Lektüre des gesamten Dramas, da die Besprechung in den Einzelschritten nicht der Aktfolge entsprechend angelegt, sondern weitgehend thematisch zentriert ist. Allerdings ist vorgesehen, daß zu einzelnen Stunden als Hausaufgabe nochmals bestimmte Szenen gelesen werden sollen. Bei der vorherigen Lektüre sollten die Schüler außerdem, falls es eingeübt ist, ein Szenarium zur besseren Orientierung einrichten. (Das Szenarium sollte folgende Rubriken aufweisen: Akt/Auftritt/Ort/

19

Zeit/ auftretende Personen/Handlungs-
schritt[e]/wichtige Themen oder Kern-
stellen.)

17. Stunde:
Schülervortrag zur Entstehungsgeschichte
des ‚Nathan‘
Grundlage: s. Materialienzusammenstel-
lung im Editionenband ‚Nathan der Weise‘, S. 144–158.

Schülervortrag zur Nationaltheaterbewe-
gung im 18. Jahrhundert
Grundlage: s. Materialienteil des Edi-
tionenbandes ‚Aufklärung/Sturm und
Drang‘. Kunst- und Dichtungstheorien‘,
S. 114–117.

2 Darstellung der Einzelstunden

1./2./3. Stunde:
Plädoyer für Mündigkeit:
Kant ‚Beantwortung der Frage:
Was ist Aufklärung?'

Sachinformation

In der Dezember-Nummer der ‚Berlinischen Monatsschrift' von 1784 veröffentlichte Kant (1724–1804) seine so berühmt gewordene Abhandlung ‚Beantwortung der Frage: Was ist Aufklärung?' Zuvor war bereits in diesem Organ, das zwischen 1783 und 1796 von dem Berliner Bibliothekar Johann Erich Biester und dem Gymnasialdirektor Friedrich Gedike herausgegeben wurde und das zu seinen Beiträgern so illustre Mitarbeiter wie Benjamin Franklin, Christian Garve, Wilhelm von Humboldt, Thomas Jefferson, Graf Mirabeau, Justus Möser, Karl Philipp Moritz, Christian F. D. Schubart und Johann Heinrich Voß zählen durfte, Mendelssohns Abhandlung ‚Über die Frage: was heißt aufklären?' erschienen. Kant erfuhr von dieser Schrift, hielt sie aber während der Konzeption seiner Abhandlung noch nicht in Händen, wie er selbst in einer seinem Aufsatz beigegebenen Anmerkung vermerkt: „Mir ist sie noch nicht zu Händen gekommen; sonst würde sie die gegenwärtige zurückgehalten haben, die jetzt nur zum Versuche dastehen mag, wiefern der Zufall Einstimmigkeiten der Gedanken zuwege bringen könne." Mendelssohns wie Kants Schriften reagierten beide auf einen im Grunde nichtigen Anlaß. In der Dezember-Nummer derselben Zeitschrift hatte nämlich der Berliner Pfarrer Johann Friedrich Zöllner einen Artikel gegen die Zivilehe veröffentlicht. Zöllner beharrte auf der kirchlichen Eheschließung im Interesse des Staates und wetterte in seinem Artikel gegen die Verwirrung, die „unter dem Namen der Aufklärung" nunmehr unter den Menschen entstanden sei. In einer Fußnote zum Begriff ‚Aufklärung' stellte er die Frage: „Was ist Aufklärung? Diese Frage, die beinahe so wichtig ist, als: was ist Wahrheit, sollte doch wohl beantwortet werden, ehe man aufzuklären anfinge! Und doch habe ich sie nirgends beantwortet gefunden!"

Zöllner forderte dazu auf, den Begriff der Aufklärung zu definieren, und Kants Schrift ist ein solcher Definitionsversuch. Gleich zu Beginn heißt es: „Aufklärung ist der Ausgang des Menschen aus seiner selbstverschuldeten Unmündigkeit." Das Definiens wird zum Definiendum, so daß nunmehr in einem zweiten Schritt erneut die Begriffe ‚selbstverschuldet' und ‚Unmündigkeit' eigens erläutert werden. Kants Definition beschreibt Aufklärung als einen Prozeß, ein Aspekt, der im letzten Teil der Abhandlung nochmals aufgegriffen wird, wenn es heißt: „Wenn denn nun gefragt wird: leben wir jetzt in einem aufgeklärten Zeitalter? so ist die Antwort: Nein, aber wohl in einem Zeitalter der Aufklärung." Er macht zugleich bei seinem Definitionsversuch die Voraussetzung, die man als Provokation seiner Zeit mithören muß: Der Mensch ist von Natur aus, seinem Wesen nach, mündig; seine Unmündigkeit, der Zustand, in dem er sich nunmehr befindet, ist selbstverschuldet, er ist menschliche ‚Unnatur', aus der als einer Form menschlicher Entfremdung sich der Mensch, will er sein Wesen verwirklichen, befreien muß. Kant begreift demnach Aufklärung zunächst als Selbstaufklärung, als Mündigwerden, Selbstemanzipation. Der Mensch muß seine potentielle Freiheit aktualisieren, seine faktische Freiheit realisieren. Am Anfang der Aufklärung steht also ein bewußter Akt, der Entschluß zur Umkehr. Dazu sind Mut und Entscheidungskraft vonnöten (sapere aude!), wo sie fehlen, hat Aufklärung keinen Erfolg. Daß der Mensch Herr seiner selbst wird, sich seine Autonomie erarbeitet, heißt, Faulheit, Trägheit und Feigheit überwinden, die immer wieder als Mangel an Selbständigkeit und Angst vor dem Mündigwerden den Prozeß der Aufklärung stören können.

Die Initiation zur Mündigkeit, der Akt der Selbstbefreiung kann also nicht von oben oktroyiert werden. Nicht die Vormünder, die ihr Volk in Unmündigkeit gelassen haben, tragen allein die Schuld an mangelnder Aufklärung. Aufklärung als der Versuch, selber und alleine zu gehen, ist jedermann zumutbar. Und nur, wenn diese Revolution der Gesinnung als Initialzündung vorhanden ist, kann sie glücken.

So sehr Kant auch den Ausgang aus der Unmündigkeit im einzelnen Individuum begründet sieht, bedenkt er doch auch im weiteren Teil seiner Abhandlung den gesellschaftlichen Rahmen, der nötig ist, Aufklärung zu ermöglichen. Für jeden einzelnen Menschen ist es „schwer, sich aus der beinahe zur Natur gewordenen Unmündigkeit herauszuarbeiten". Ja, Rückfälle in die alte Trägheit und Feigheit sind vorstellbar, so daß es nur wenigen gelungen ist, „durch eigene Bearbeitung ihres Geistes sich aus der Unmündigkeit herauszuwickeln und dennoch einen sicheren Gang zu tun". Aufklärung ist, so fährt Kant fort, eher möglich, sogar „beinahe unausbleiblich", wenn sich ein Publikum, womit er die Öffentlichkeit, hier noch genauer die Gelehrten, das Lesepublikum,

aber schließlich auch die Welt bzw. die Menschheit meint, bildet und selbst aufklärt. Voraussetzung für die Herausbildung eines solchen Publikums bzw. für die Konstituierung einer räsonierenden bürgerlichen Öffentlichkeit ist Freiheit. Was Kant mit diesem Begriff ‚Freiheit' meint, erläutert er später, so jedem Mißverständnis vorbeugend. Mit ‚Freiheit' meint er nicht jene politische Umgestaltung der Gesellschaft, mit der durch Revolution ein Abfall vom „persönlichen Despotism und von gewinnsüchtiger oder herrschsüchtiger Bedrückung" allenfalls bewirkt, nicht jedoch eine wahre „Reform der Denkungsart" eingeleitet werden kann. Mit Freiheit meint er vielmehr „die unschädlichste unter allem, was nur Freiheit heißen mag, nämlich die: von seiner Vernunft in allen Stücken öffentlichen Gebrauch zu machen". Der öffentliche Gebrauch der Vernunft gewährt somit eine Form kollektiver Selbstaufklärung in einer gemeinsamen Fortschrittsgeschichte, denn die Öffentlichkeit garantiert den Dialog und damit die gegenseitige Hilfestellung.

Kant beschränkt jedoch die Diskussionsmöglichkeiten in einer bezeichnenden Weise ein, indem er zwischen dem öffentlichen Gebrauch der Vernunft und deren Privatgebrauch klar unterscheidet, wobei er unter dem Privatgebrauch, entgegen dem heute üblichen Sprachgebrauch, jenen Gebrauch der Vernunft verstanden wissen will, den jedermann von ihr „in einem gewissen ihm anvertrauten bürgerlichen Posten oder Amte machen darf". Dieser Privatgebrauch der Vernunft „darf öfters sehr enge eingeschränkt sein, ohne doch darum den Fortschritt der Aufklärung sonderlich zu hindern". Es ist ganz „im Interesse des gemeinen Wesens", d. h. der Gesellschaft, daß man sich „bloß passiv" dort verhält, wo ein gewisser gesellschaftlicher „Mechanismus" notwendig ist. Soweit gilt die Devise: gehorchen, statt räsonieren, oder mit den Worten Friedrichs II.: „Räsoniert, soviel ihr wollt und worüber ihr wollt; aber gehorcht." Nur innerhalb der weltweiten Gelehrtenrepublik, innerhalb der „Leserwelt", ist unbeschränkte Freiheit der Diskussion gegeben. Insofern verlangt Kant von den Trägern der Vernunft ein geradezu schizophrenes Rollenspiel. Als Bürger eines gemeinen Wesens gilt es zu gehorchen, als „Glied eines ganzen gemeinen Wesens, ja sogar der Weltbürgerschaft", sind dem Räsonnement hingegen keine Grenzen gesetzt. Ist demnach der öffentliche Diskurs ein Spielfeld der Intellektuellen ohne Auswirkung auf die Praxis? Ist er ein Ventil, wo sich die Gelehrten Luft machen können und sich so ihr kritisches Potential verflüchtigt, ohne gesellschaftlich wirksam geworden zu sein?

Zunächst wird man festhalten müssen, daß Kant, bezogen auf seine Zeit, nach einem Kompromiß zwischen Staatserhaltung und den Zielen der Aufklärung trachtet. In Friedrich II., dem Vertreter des aufgeklärten Absolutismus, sieht er jenen vernünftigen Herrscher, durch den er die Gewährung der nötigen Freiheit zum öffentlichen Diskurs garantiert sieht. Kant denkt geschichtlich und setzt auf Zeit. Wenn auch im folgenden der Abhandlung zunächst von den Kontrakten innerhalb des kirchlich-institutionellen Raumes die Rede ist, so spricht Kant doch davon, daß „ein Kontrakt, der auf immer alle weitere Aufklärung vom Menschengeschlechte abzuhalten geschlossen würde, schlechterdings null und nichtig" wäre. Und eben dies gilt auch für die Regierungsform, so daß Kant zwar durchaus für den Augenblick den Kompromiß im Auge hat, dennoch aber durchaus auch an eine Erweiterung der faktischen Grenzen der Geistesfreiheit in Zukunft denkt. So heißt es: „Wenn denn die Natur unter dieser harten Hülle den Keim, für den sie am zärtlichsten sorgt, nämlich den Hang und Beruf zum freien Denken, ausgewickelt hat; so wirkt dieser allmählich zurück auf die Sinnesart des Volks (wodurch dieses der Freiheit zu handeln nach und nach fähiger wird) und endlich auch sogar auf die Grundsätze der Regierung, die es ihr selbst zuträglich findet, den Menschen, der nun mehr als Maschine ist, seiner Würde gemäß zu behandeln." Damit hat sich der aufgeklärte Absolutismus selbst überwunden. Die geistige Mündigkeit – so schließt Kant, getragen von Optimismus – ist nicht ohne die Tendenz auch zur politischen.

Immanuel Kant:
Beantwortung der Frage: Was ist Aufklärung?

(5. Dezemb. 1783, S. 516)[1]

Aufklärung ist der Ausgang des Menschen aus seiner selbst verschuldeten Unmündigkeit. Unmündigkeit ist das Unvermögen, sich seines Verstandes ohne Leitung eines anderen zu bedienen. Selbstverschuldet ist diese Unmündigkeit, wenn die

---

[1] Der Seitenverweis der „Berlinischen Monatsschrift" bezieht sich auf die nachfolgende Anmerkung in dem Aufsatz „Ist es ratsam, das Ehebündnis ferner durch die Religion zu sanzieren?" vom Hrn. Pred. Zöllner: *„Was ist Aufklärung?* Diese Frage, die beinahe so wichtig ist, als: *was ist Wahrheit,* sollte doch wohl beantwortet werden, ehe man aufzuklären anfinge! Und doch habe ich sie nirgends beantwortet gefunden!"

Ursache derselben nicht am Mangel des Verstandes, sondern der Entschließung und des Mutes liegt, sich seiner ohne Leitung eines andern zu bedienen. Sapere aude! Habe Mut, dich deines *eigenen* Verstandes zu bedienen! ist also der Wahlspruch der Aufklärung.

Faulheit und Feigheit sind die Ursachen, warum ein so großer Teil der Menschen, nachdem sie die Natur längst von fremder Leitung frei gesprochen (naturaliter maiorennes), dennoch gerne zeitlebens unmündig bleiben; und warum es anderen so leicht wird, sich zu deren Vormündern aufzuwerfen. Es ist so bequem, unmündig zu sein. Habe ich ein Buch, das für mich Verstand hat, einen Seelsorger, der für mich Gewissen hat, einen Arzt, der für mich die Diät beurteilt, usw.: so brauche ich mich ja nicht selbst zu bemühen. Ich habe nicht nötig zu denken, wenn ich nur bezahlen kann; andere werden das verdrießliche Geschäft schon für mich übernehmen. Daß der bei weitem größte Teil der Menschen (darunter das ganze schöne Geschlecht) den Schritt zur Mündigkeit, außer dem daß er beschwerlich ist, auch für sehr gefährlich halte: dafür sorgen schon jene Vormünder, die die Oberaufsicht über sie gütigst auf sich genommen haben. Nachdem sie ihr Hausvieh zuerst dumm gemacht haben, und sorgfältig verhüteten, daß diese ruhigen Geschöpfe ja keinen Schritt außer dem Gängelwagen, darin sie sie einsperreten, wagen durften: so zeigen sie ihnen nachher die Gefahr, die ihnen drohet, wenn sie es versuchen, allein zu gehen. Nun ist diese Gefahr zwar eben so groß nicht, denn sie würden durch einigemal Fallen wohl endlich gehen lernen; allein ein Beispiel von der Art macht doch schüchtern, und schreckt gemeiniglich von allen ferneren Versuchen ab.

Es ist also für jeden einzelnen Menschen schwer, sich aus der ihm beinahe zur Natur gewordenen Unmündigkeit herauszuarbeiten. Er hat sie sogar lieb gewonnen, und ist vor der Hand wirklich unfähig, sich seines eigenen Verstandes zu bedienen, weil man ihn niemals den Versuch davon machen ließ. Satzungen und Formeln, diese mechanischen Werkzeuge eines vernünftigen Gebrauchs oder vielmehr Mißbrauchs seiner Naturgaben, sind die Fußschellen einer immerwährenden Unmündigkeit. Wer sie auch abwürfe, würde dennoch auch über den schmalesten Graben einen nur unsicheren Sprung tun, weil er zu dergleichen freier Bewegung nicht gewöhnt ist. Daher gibt es nur wenige, denen es gelungen ist, durch eigene Bearbeitung ihres Geistes sich aus der Unmündigkeit heraus zu wickeln, und dennoch einen sicheren Gang zu tun.

Daß aber ein Publikum sich selbst aufkläre, ist eher möglich; ja es ist, wenn man ihm nur Freiheit läßt, beinahe unausbleiblich. Denn da werden sich immer einige Selbstdenkende, sogar unter den eingesetzten Vormündern des großen Haufens, finden, welche, nachdem sie das Joch der Unmündigkeit selbst abgeworfen haben, den Geist einer vernünftigen Schätzung des eigenen Werts und des Berufs jedes Menschen, selbst zu denken, um sich verbreiten werden. Besonders ist hiebei: daß das Publikum, welches zuvor von ihnen unter dieses Joch gebracht worden, sie hernach selbst zwingt, darunter zu bleiben, wenn es von einigen seiner Vormünder, die selbst aller Aufklärung unfähig sind, dazu aufgewiegelt worden; so schädlich ist es, Vorurteile zu pflanzen, weil sie sich zuletzt an denen selbst rächen, die, oder deren Vorgänger, ihre Urheber gewesen sind. Daher kann ein Publikum nur langsam zur Aufklärung gelangen. Durch eine Revolution wird vielleicht wohl ein Abfall von persönlichem Despotism und gewinnsüchtiger oder herrschsüchtiger Bedrückung, aber niemals wahre Reform der Denkungsart zu Stande kommen; sondern neue Vorurteile werden, eben sowohl als die alten, zum Leitbande des gedankenlosen großen Haufens dienen.

Zu dieser Aufklärung aber wird nichts erfordert als *Freiheit;* und zwar die unschädlichste unter allem, was nur Feiheit heißen mag, nämlich die: von seiner Vernunft in allen Stücken *öffentlichen Gebrauch* zu machen. Nun höre ich aber von allen Seiten rufen: *räsonniert nicht!* Der Offizier sagt: räsonniert nicht, sondern exerziert! Der Finanzrat: räsonniert nicht, sondern bezahlt! Der Geistliche: räsonniert nicht, sondern glaubt! (Nur ein einziger Herr in der Welt sagt: *räsonniert,* so viel ihr wollt, und worüber ihr wollt; *aber gehorcht!*) Hier ist überall Einschränkung der Freiheit. Welche Einschränkung aber ist der Aufklärung hinderlich? welche nicht, sondern ihr wohl gar beförderlich? – Ich antworte: der *öffentliche* Gebrauch seiner Vernunft muß jederzeit frei sein, und der allein kann Aufklärung unter Menschen zu Stande bringen; der *Privatgebrauch* derselben aber darf öfters sehr enge eingeschränkt sein, ohne doch darum den Fortschritt der Aufklärung sonderlich zu hindern. Ich verstehe aber unter dem öffentlichen Gebrauche seiner eigenen Vernunft denjenigen, den jemand *als Gelehrter* von ihr vor dem ganzen Publikum der *Leserwelt* macht. Den Privatgebrauch nenne ich denjenigen, den er in einem gewissen ihm anvertrauten *bürgerlichen Posten,* oder Amte, von seiner Vernunft machen darf. Nun ist zu manchen Geschäften, die in das Interesse des gemeinen Wesens laufen, ein gewisser Mechanism notwendig, vermittelst dessen einige Glieder des gemeinen Wesens sich bloß passiv verhalten müssen, um durch eine künstliche Einhelligkeit von der Regierung zu öffentlichen Zwecken gerichtet, oder wenigstens von der Zerstörung dieser Zwecke abgehalten zu werden. Hier ist es nun freilich nicht erlaubt, zu räsonnieren; sondern man muß gehorchen. So fern sich aber dieser Teil der Maschine zugleich als Glied eines ganzen gemeinen Wesens, ja sogar der Weltbürgerschaft ansieht, mithin in der Qualität eines Gelehrten, der sich an ein Publikum im eigentlichen Verstande durch Schriften wendet: kann er allerdings räsonnieren, ohne daß dadurch die Geschäfte leiden, zu denen er zum Teile als passives Glied angesetzt ist. So würde es sehr verderblich sein, wenn ein Offizier, dem von seinen Oberen etwas anbefohlen wird, im Dienste über die Zweckmäßigkeit oder Nützlichkeit dieses Befehls laut vernünfteln wollte; er muß gehorchen. Es kann ihm aber billigermaßen nicht verwehrt werden, als Gelehrter, über die Fehler im Kriegesdienste Anmerkungen zu machen, und diese seinem Publikum zur Beurteilung vorzulegen. Der Bürger kann sich nicht weigern, die ihm auferlegten Abgaben zu leisten; sogar kann ein vorwitziger Tadel solcher Auflagen, wenn sie von ihm geleistet werden sollen, als ein Skandal (das allgemeine Widersetzlichkeiten veranlassen könnte) bestraft werden. Eben derselbe handelt demohngeachtet der Pflicht eines Bürgers nicht entgegen, wenn er, als Gelehrter, wider die Unschicklichkeit oder auch Ungerechtigkeit solcher Ausschreibungen öffentlich seine Gedanken äußert. Eben so ist ein Geistlicher verbunden, seinen Katechismusschülern und seiner Gemeinde nach dem Symbol der Kirche, der er dient, seinen Vortrag zu tun; denn er ist auf diese Bedingung angenommen worden. Aber als Gelehrter hat er volle Freiheit, ja sogar den Beruf dazu, alle seine sorgfältig geprüften und wohlmeinenden Gedanken über das Fehlerhafte in jenem Symbol, und Vorschläge wegen besserer Einrichtung des Religions- und Kirchenwesens, dem Publikum mitzuteilen. Es ist hiebei auch nichts, was dem Gewissen zur Last gelegt werden könnte. Denn, was er zu Folge seines Amts, als Geschäftsträger der Kirche, lehrt, das stellt er als etwas vor, in Ansehung dessen er nicht freie Gewalt hat, nach eigenem Gutdünken zu lehren, sondern das er nach Vorschrift und im Namen eines andern vorzutragen angestellt ist. Er wird sagen: unsere Kirche lehrt dieses oder jenes; das sind die Beweisgründe, deren sie sich bedient. Er zieht alsdann allen praktischen Nutzen für seine Gemeinde aus Satzungen, die er selbst nicht mit voller Überzeugung unterschreiben würde, zu deren Vortrag er sich gleichwohl anheischig machen kann, weil es doch nicht ganz unmöglich ist, daß darin Wahrheit verborgen läge, auf alle Fälle aber wenigstens doch nichts der innern Religion Widersprechendes darin angetroffen wird. Denn glaubte er das letztere darin zu finden, so würde er sein Amt mit Gewissen nicht verwalten können; er müßte es niederlegen. Der Gebrauch also, den ein angestellter Lehrer von seiner Vernunft vor seiner Gemeinde macht, ist bloß ein *Privatgebrauch;* weil diese immer nur eine häusliche, obzwar noch so große, Versammlung ist; und in Ansehung dessen ist er, als Priester, nicht frei, und darf es auch nicht sein, weil er einen fremden Auftrag ausrichtet. Dagegen als Gelehrter, der durch Schriften zum eigentlichen Publikum, nämlich der Welt, spricht, mithin der Geistliche im *öffentlichen Gebrauche* seiner Vernunft, genießt einer uneingeschränkten Freiheit, sich seiner eigenen Vernunft zu bedienen und in seiner eigenen Person zu sprechen. Denn daß die Vormünder des Volks (in geistlichen Dingen) selbst wieder unmündig sein sollen, ist eine Ungereimtheit, die auf Verewigung der Ungereimtheiten hinausläuft.

Aber sollte nicht eine Gesellschaft von Geistlichen, etwa eine Kirchenversammlung, oder eine ehrwürdige Classis (wie sie sich unter den Holländern selbst nennt) berechtigt sein, sich eidlich unter einander auf ein gewisses unveränderliches Symbol zu verpflichten, um so eine unaufhörliche Obervormundschaft über jedes ihrer Glieder und vermittelst ihrer über das Volk zu führen, und diese so gar zu verewigen? Ich sage: das ist ganz unmöglich. Ein solcher Kontrakt, der auf immer alle weitere Aufklärung vom Menschengeschlechte abzuhalten geschlossen würde, ist schlechterdings null und nichtig; und sollte er auch durch die oberste Gewalt, durch Reichstäge und die feierlichsten Friedensschlüsse bestätigt sein. Ein Zeitalter kann sich nicht verbünden und darauf verschwören, das folgende in einen Zustand zu setzen, darin es ihm unmöglich werden muß, seine (vornehmlich so sehr angelegentliche) Erkenntnisse zu erweitern, von Irrtümern zu reinigen, und überhaupt in der Aufklärung weiter zu schreiten. Das wäre ein Verbrechen wider die menschliche Natur, deren ursprüngliche Bestimmung gerade in diesem Fortschreiten besteht; und die Nachkommen sind also vollkommen dazu berechtigt, jene Beschlüsse, als unbefugter und frevelhafter Weise genommen, zu verwerfen. Der Probierstein alles dessen, was über ein Volk als Gesetz beschlossen werden kann, liegt in der Frage: ob ein Volk sich selbst wohl ein solches Gesetz auferlegen könnte? Nun wäre dieses wohl, gleichsam in der Erwartung eines bessern, auf eine bestimmte kurze Zeit möglich, um eine gewisse Ordnung einzuführen; indem man es zugleich jedem der Bürger, vornehmlich dem Geistlichen, frei ließe, in der Qualität eines Gelehrten öffentlich, d. i. durch Schriften, über das Fehlerhafte der dermaligen Einrichtung seine Anmerkungen zu machen, indessen die eingeführte Ordnung noch immer fortdauerte, bis die Einsicht in die Beschaffenheit dieser Sachen öffentlich so weit gekommen und bewähret worden, daß sie durch Vereinigung ihrer Stimmen (wenn gleich nicht aller) einen Vorschlag vor den Thron bringen könnte, um diejenigen Gemeinden in Schutz zu nehmen, die sich etwa nach ihren Begriffen der besseren Einsicht zu einer veränderten Religionseinrichtung geeinigt hätten, ohne doch diejenigen zu hindern, die es beim Alten wollten bewenden lassen. Aber auf eine beharrliche, von niemanden öffentlich zu bezweifelnden Religionsverfassung, auch nur binnen der Lebensdauer eines Menschen, sich zu einigen, und dadurch einen Zeitraum in dem Fortgange der Menschheit zur Verbesserung gleichsam zu vernichten, und fruchtlos, dadurch aber wohl gar der Nachkommenschaft nachteilig, zu machen, ist schlechterdings unerlaubt. Ein Mensch kann zwar für seine Person, und auch alsdann nur auf einige Zeit, in dem, was ihm zu wissen obliegt, die Aufklärung aufschieben; aber auf sie Verzicht zu tun, es sei für seine Person, mehr aber noch für die Nachkommenschaft, heißt die heiligen Rechte der Menschheit verletzen und mit Füßen treten. Was aber nicht einmal ein Volk über sich selbst beschließen darf, das darf noch weniger ein Monarch über das Volk beschließen; denn sein gesetzgebendes Ansehen beruht eben darauf, daß er den gesamten Volkswillen in dem seinigen vereinigt. Wenn er nur darauf sieht, daß alle wahre oder vermeinte Verbesserung mit der bürgerlichen Ordnung zusammen bestehe: so kann er seine Untertanen übrigens nur selbst machen lassen, was sie um ihres Seelenheils willen zu tun nötig finden; das geht ihn nichts an, wohl aber zu verhüten, daß nicht einer den andern gewalttätig hindere, an der Bestimmung und Beförderung desselben nach allem seinen Vermögen zu arbeiten. Es tut selbst seiner Majestät Abbruch, wenn er sich hierin mischt, indem er die Schriften, wodurch seine Untertanen ihre Einsichten ins reine zu bringen suchen, seiner Regierungsaufsicht würdigt, sowohl wenn er dieses aus eigener höchsten Einsicht tut, wo er sich dem Vorwurfe aussetzt: Caesar non est supra grammaticos[1], als auch und noch weit mehr, wenn er seine oberste Gewalt so weit erniedrigt, den geistlichen Despotism einiger Tyrannen in seinem Staate gegen seine übrigen Untertanen zu unterstützen.

Wenn denn nun gefragt wird: Leben wir jetzt in einem *aufgeklärten* Zeitalter? so ist die Antwort: Nein, aber wohl in einem Zeitalter der *Aufklärung.* Daß die Menschen, wie die Sachen jetzt stehen, im ganzen genommen, schon im Stande wären, oder darin auch nur gesetzt werden könnten, in Religionsdingen sich ihres eigenen Verstandes ohne Leitung eines andern sicher und gut zu bedienen, daran fehlt noch sehr viel. Allein, daß jetzt ihnen doch das Feld geöffnet wird, sich dahin frei zu bearbeiten, und die Hindernisse der allgemeinen Aufklärung, oder des Ausganges aus ihrer selbst verschuldeten Unmündigkeit, allmählich weniger werden, davon haben wir doch deutliche Anzeigen. In diesem Betracht ist dieses Zeitalter das Zeitalter der Aufklärung, oder das Jahrhundert *Friedrichs.*

Ein Fürst, der es seiner nicht unwürdig findet, zu sagen: daß er es für *Pflicht* halte,

---

[1] „der Kaiser steht nicht über den Grammatikern"

in Religionsdingen den Menschen nichts vorzuschreiben, sondern ihnen darin volle Freiheit zu lassen, der also selbst den hochmütigen Namen der *Toleranz* von sich ablehnt: ist selbst aufgeklärt, und verdient von der dankbaren Welt und Nachwelt als derjenige gepriesen zu werden, der zuerst das menschliche Geschlecht der Unmündigkeit, wenigstens von Seiten der Regierung, entschlug, und jedem frei ließ, sich in allem, was Gewissensangelegenheit ist, seiner eigenen Vernunft zu bedienen. Unter ihm dürfen verehrungswürdige Geistliche, unbeschadet ihrer Amtspflicht, ihre vom angenommenen Symbol hier oder da abweichenden Urteile und Einsichten, in der Qualität der Gelehrten, frei und öffentlich der Welt zur Prüfung darlegen; noch mehr aber jeder andere, der durch keine Amtspflicht eingeschränkt ist. Dieser Geist der Freiheit breitet sich auch außerhalb aus, selbst da, wo er mit äußeren Hindernissen einer sich selbst mißverstehenden Regierung zu ringen hat. Denn es leuchtet dieser doch ein Beispiel vor, daß bei Freiheit, für die öffentliche Ruhe und Einigkeit des gemeinen Wesens nicht das mindeste zu besorgen sei. Die Menschen arbeiten sich von selbst nach und nach aus der Rohigkeit heraus, wenn man nur nicht absichtlich künstelt, um sie darin zu erhalten.

Ich habe den Hauptpunkt der Aufklärung, die des Ausganges der Menschen aus ihrer selbst verschuldeten Unmündigkeit, vorzüglich in *Religionssachen* gesetzt: weil in Ansehung der Künste und Wissenschaften unsere Beherrscher kein Interesse haben, den Vormund über ihre Untertanen zu spielen; überdem auch jene Unmündigkeit, so wie die schädlichste, also auch die entehrendste unter allen ist. Aber die Denkungsart eines Staatsoberhaupts, der die erstere begünstigt, geht noch weiter, und sieht ein: daß selbst in Ansehung seiner *Gesetzgebung* es ohne Gefahr sei, seinen Untertanen zu erlauben, von ihrer eigenen Vernunft *öffentlichen* Gebrauch zu machen, und ihre Gedanken über eine bessere Abfassung derselben, sogar mit einer freimütigen Kritik der schon gegebenen, der Welt öffentlich vorzulegen; davon wir ein glänzendes Beispiel haben, wodurch noch kein Monarch demjenigen vorging, welchen wir verehren.

Aber auch nur derjenige, der, selbst aufgeklärt, sich nicht vor Schatten fürchtet, zugleich aber ein wohldiszipliniertes zahlreiches Heer zum Bürgen der öffentlichen Ruhe zur Hand hat, – kann das sagen, was ein Freistaat nicht wagen darf: *räsonniert, so viel ihr wollt, und worüber ihr wollt; nur gehorcht!* So zeigt sich hier ein befremdlicher nicht erwarteter Gang menschlicher Dinge; so wie auch sonst, wenn man ihn im großen betrachtet, darin fast alles paradox ist. Ein größerer Grad bürgerlicher Freiheit scheint der Freiheit des *Geistes* des Volks vorteilhaft, und setzt ihr doch unübersteigliche Schranken; ein Grad weniger von jener verschafft hingegen diesem Raum, sich nach allem seinen Vermögen auszubreiten. Wenn denn die Natur unter dieser harten Hülle den Keim, für den sie am zärtlichsten sorgt, nämlich den Hang und Beruf zum *freien Denken*, ausgewickelt hat: so wirkt dieser allmählich zurück auf die Sinnesart des Volks (wodurch dieses der *Freiheit zu handeln* nach und nach fähiger wird), und endlich auch sogar auf die Grundsätze der *Regierung*, die es ihr selbst zuträglich findet, den Menschen, der nun *mehr als Maschine* ist, seiner Würde gemäß zu behandeln.*

Königsberg in Preußen, den 30. Septemb. 1784.   *I. Kant.*

* In den *Büschingschen* wöchentlichen Nachrichten vom 13. Sept. lese ich heute den 30sten eben dess. die Anzeige der Berlinischen Monatsschrift von diesem Monat, worin des Herrn *Mendelssohn* Beantwortung eben derselben Fragen angeführt wird. Mir ist sie noch nicht zu Händen gekommen; sonst würde sie die gegenwärtige zurückgehalten haben, die jetzt nur zum Versuche da stehen mag, wiefern der Zufall Einstimmigkeit der Gedanken zuwege bringen könne.

Aus: Immanuel Kant, Werke XI. Schriften zur Anthropologie, Geschichtsphilosophie, Politik und Pädagogik. 1. Hrsg. v. W. Weischedel. S. 53–61. © Insel Verlag, Frankfurt am Main 1964

Unterrichtsverlauf

1. Stunde:

Phase 1:
Begriff: Aufklärung

Um die Besprechung der Kantschen Abhandlung (s. S. 23 ff.) vorzubereiten, wäre es ratsam, zunächst die Frage ‚Was ist Aufklärung?‘ zu der Fragestellung abzuwandeln: ‚In welchen sprachlichen Verwendungszusammenhängen benutzt man *heute* Wörter wie ‚Aufklärung‘, ‚aufklären‘, ‚aufgeklärt‘, ‚aufklaren‘? Dabei werden von Schülern sicherlich folgende oder ähnliche in Partnerarbeit gefundene Beispiele angeführt werden: ‚das Wetter, der Himmel, das Gesicht klärt sich auf‘; ‚das Geheimnis, das Mißverständnis, eine dunkle Stelle in einem Buch klärt sich auf‘; ‚jemanden über einen Irrtum aufklären‘; ‚ein Verbrechen aufklären‘; ‚Jugendliche über geschichtliche Fragen aufklären‘, ‚eine Gegend aufklären‘ (militärisch erkunden). Denkbar ist auch die Nennung solcher Begriffe wie: ‚Aufklärer‘ (Flugzeug, ausgerüstet mit automatischen Kameras, das zur Erkundung von Bodenzielen für den Luftkrieg eingesetzt wird), ‚Aufklärungstruppen‘, ‚Sexualaufklärung‘, ‚ärztliche und richterliche Aufklärungspflicht‘ usw. Man wird nunmehr diese Beispiele auf das ihnen Gemeinsame hin untersuchen

können. In allen Fällen handelt es sich darum, daß jemand sich selbst oder einen anderen über etwas bislang Verborgenes, Dunkles in Kenntnis setzt, jemand jemanden oder sich selbst belehrt bzw. etwas erkennen läßt. Man könnte auch metaphorisch formulieren: es wird Licht ins Dunkel gebracht. So meint auch die meteorologische Verwendung des Begriffs (‚Aufklaren‘) das Sichtbarwerden des blauen Himmels durch eine Wolkendecke bei ständig abnehmender Bewölkung.

Nunmehr kann der Begriff der ‚Aufklärung‘ als eine Epochenbezeichnung eingeführt werden, sollte er bislang in der Beispielreihe der Schüler nicht mitgenannt worden sein. Die Schüler können in dieser Bezeichnung, die sich ein Zeitalter selbst gab, schon etwas von dem Selbstverständnis dieser Zeit erschließen, wenn sie die Lichtmetaphorik bemerken: Aufklärung heißt dann ‚Licht in die Dunkelheit der Unwissenheit und des Aberglaubens bringen‘. Bezeichnenderweise, so kann der Unterrichtende die Bestimmung der Wortbedeutung erhärten, nennt man in England die Aufklärungsphase ‚enlightenment‘, in Frankreich ‚siècle des lumières‘ bzw. ‚siècle éclairé‘ oder ‚siècle philosophique‘.

(Wer Wert darauf legt, mag die Wortanalyse mit den entsprechenden Abschnitten aus Grimms Wörterbuch, dem Stilduden oder einem Lexikon unterstützen.)

Phase 2:
Kants Definition der Aufklärung

An diese einleitende Phase sollte sich nunmehr die Besprechung von Kants Abhandlung: ‚Beantwortung der Frage: Was ist Aufklärung?‘ anschließen.

Für eine Besprechung des Textes könnte dieser – wie es auch in einigen Textausgaben geschieht (z. B. Lesebuch. Vom Barock bis zur Gegenwart – Klett; Arbeitsbuch Deutsch II – Schroedel; Prisma I/II – Buchner) – um einige Abschnitte gekürzt werden. So könnte man sich auf die Abschnitte 1–4 und 7–9 beschränken. Wir wollen aber die ungekürzte Abhandlung dem Stundenverlauf zugrundelegen, da die häufig ausgeschlossenen Abschnitte, in denen es im wesentlichen um die Aufklärung „in Religionssachen" geht, mit Beispielen angereichert sind und so ein Verständnis der Kantschen Abhandlung erleichtern.

Die Schüler dürften damit überfordert sein, ohne Hilfestellung und ohne Erläuterungen den Text sich durch eigene Lektüre anzueignen. Ich schlage darum vor, zunächst den ersten Abschnitt der Abhandlung und den ersten Satz des zweiten Abschnitts zu lesen und zu besprechen, um auf diese Weise einen Einstieg zu gewinnen.

Im fragend-entwickelnden Gespräch müßte zunächst der erste kursiv gesetzte Satz der Abhandlung als Kants Definition des Begriffs ‚Aufklärung‘ erkannt und danach das Definitionsverfahren beschrieben werden, das darin besteht, daß im zweiten und dritten Satz die zur Begriffsdefinition verwandten Begriffe nochmals eigens erläutert werden, bis daß ein Konsens über die Bedeutung der verwandten Wörter bei den Lesern vorausgesetzt werden darf.

In einem nächsten Gesprächsschritt sind die Voraussetzungen zu benennen, die Kant bei seiner Definition unausgesprochen macht, wenn er Aufklärung als den „Ausgang des Menschen aus seiner selbstverschuldeten Unmündigkeit" begreift. Kant setzt voraus, daß der Mensch seinem Wesen nach mündig ist, sich dieser Mündigkeit jedoch schuldhaft begeben hat. Dabei muß unentschieden bleiben (weil Kant darüber keine Ausführungen macht), ob er sich den Übergang des Menschen von der Mündigkeit zu selbstverschuldeter Unmündigkeit als zwei – in Analogie zum biblischen Sündenfall gedachte – geschichtliche Stadien der Menschheit denkt oder sich den Umschlag von Mündigkeit in Unmündigkeit als einen sich bei jedem Menschen erneut einstellenden Wechsel vorstellt. Eine weitere Voraussetzung, die Kant macht, ist, daß Aufklärung einen Entschluß bedeutet, den zunächst jeder einzelne für sich fassen muß, daß Aufklärung mithin zunächst eine ganz und gar individuelle und erst in zweiter Linie eine Sache des Kollektivs ist, wie auch der Verlust der Mündigkeit nicht primär durch die Gesellschaft verschuldet ist, sondern von Kant als Schuld des Individuums angesprochen wird, da nämlich der einzelne sich seinem Wesen insofern entfremdet, als er darauf verzichtet, sich seines *eigenen* Verstandes zu bedienen.

Des weiteren müßte in dem Gespräch über die ersten beiden Abschnitte geklärt werden, daß Kant zwischen einer dem Menschen a priori zugesprochenen Mündigkeit und einer entwicklungsbedingten kindlichen und folglich natürlichen Unmündigkeit (naturaliter maiorennes) unterscheidet. Die Schüler sollen in einer Stillarbeitsphase Beispiele für eine solche natürliche Unmündigkeit und eine selbstverschuldete Unmündigkeit zusammentragen. Für die zuletzt genannte Form der Unmündigkeit kann auf die von Kant im zweiten Abschnitt gegebenen Beispiele (Buch, Seelsorger, Arzt) zurückgegriffen werden.

Vor der Auswertung des zweiten und dritten Abschnitts lesen die Schüler erneut den Text und schließen dabei nun auch den dritten Abschnitt mit ein. Die die Lektüre begleitende Fragestellung ist: Welche Ursachen benennt Kant dafür, daß „ein so großer Teil der Menschen gerne zeitlebens unmündig bleibt"? Die von Kant genannten Ursachen können stichwortartig an der Tafel festgehalten werden. Es sind dies: Faulheit, Feigheit, Bequemlichkeit. Sie ermöglichen wiederum die Vorherrschaft der „Vormünder". Diese wiederum reden den Entmündigten ein, daß es gefährlich sei, den Schritt zur Mündigkeit zu tun. Eine weitere Ursache ist, daß die Vormünder es verstehen, den Unmündigen einzureden, daß es für die Vormünder schwer sei, die Oberaufsicht – wie Kant ironisch sagt – ‚gütigst' auf sich genommen zu haben. Ursache für den Hang zur Unmündigkeit ist auch, daß durch ein Straucheln bei den ersten mündigen Gehversuchen der Mensch leicht den Mut verliert weiterzuschreiten. Der dritte Abschnitt nennt außerdem noch folgende Gründe: Der Mensch hat sich an den Zustand der Unmündigkeit gewöhnt. Satzungen und Formeln entlasten den Menschen zwar in seinem Handeln, indem sie Denken und Handeln ritualisieren und der Begründungspflicht entheben, aber so sind sie auch unbemerkt zu Fußschellen geworden.
Eine Möglichkeit der Zusammenfassung der ersten Ergebnisse bietet die Auswertung des letzten Satzes des dritten Abschnitts: Für Kant bedeutet Aufklärung danach einen Prozeß, der von dem einzelnen Individuum seinen Ausgang nehmen muß, indem dieses die „eigene Bearbeitung (seines) Geistes" wagt, d. h. ungeprüfte Autoritäten abweist. Warum dies

bislang nur wenigen gelungen ist und wie es gerade diesen wenigen gelungen ist, darauf gibt der Text keine Antwort.

Hausaufgabe:

Die Schüler sollen nunmehr die übrigen Abschnitte der Abhandlung (4–10) lesen. Als Lesehilfe sind ihnen folgende Anmerkungen mit auf den Weg zu geben:
gemeinen Wesen: Gemeinwesen.
Gemeine: Gemeinde.
Ausschreibungen: Steuerauflagen.
Symbol: hier Bekenntnisschriften, auf die protestantische Geistliche einen Eid bei ihrem Dienstantritt leisten mußten.
Klassis: Kirchenversammlung in Holland als Trägerin der Kirchengesetzgebung.
Anzeigen: Anzeichen.
einer sich selbst mißverstehenden Regierung: eine Regierung, die Angelegenheiten zu verwalten sucht, die nicht in ihren Regierungsbereich fallen.

Außerdem sollen sie zu jedem Abschnitt eine geeignete Teilüberschrift in Stichwörtern finden.

2./3. Stunde:

Phase 1:
Öffentlicher und privater Vernunftgebrauch

Die Auswertung der Hausaufgabe kann in Form eines Tafelanschriebes erfolgen. Dabei sind jeweils die geeignetsten Teilüberschriften, die die Schüler gefunden haben, an der Tafel festzuhalten. Das Ergebnis könnte folgendermaßen lauten:
Abschnitt 4: Wahre Reform der Denkungsart statt Revolution
Abschnitt 5: Öffentlicher und privater Gebrauch der Vernunft
Abschnitt 6: Freiheit in Religionssachen

Abschnitt 7: Aufgeklärtes Zeitalter oder Zeitalter der Aufklärung
Abschnitt 8: Aufgabe eines aufgeklärten Monarchen
Abschnitt 9/10: Freiheit in Ansehung der Gesetzgebung.

Das sich in der Auffindung der Zwischenüberschriften artikulierende Verständnis der einzelnen Abschnitte muß im folgenden noch vertieft werden. Wir schlagen ein schrittweises, sich an den einzelnen Abschnitten orientierendes Vorgehen vor. Da sich jedoch die komprimierten Ausführungen des vierten Abschnitts wohl eher erschließen, wenn man sich zunächst über Kants Trennung zwischen dem Privatgebrauch und dem öffentlichen Gebrauch der Vernunft Klarheit verschafft hat, überspringen wir mit Ausnahme des ersten Satzes den vierten Abschnitt und wenden uns nach einem kurzen Gespräch dem fünften Abschnitt zu.

Im vierten Abschnitt (s. ersten Satz) wechselt Kant sein Thema von der Aufklärung des Individuums zur Aufklärung eines Publikums. Schwierigkeiten macht dem Schüler sicherlich die heute ungewöhnliche Verwendung des Begriffs ‚Publikum‘, aber es bedarf nur des Verweises auf den lateinischen Ursprung (publicus), um den Schülern zu verdeutlichen, daß mit ‚Publikum‘ die ‚Öffentlichkeit‘ gemeint ist. Damit ist die Brücke zum fünften Abschnitt schon geschlagen. Hatte Kant als Voraussetzung zur Aufklärung der Öffentlichkeit, um die es ihm jetzt anstelle des Individuums geht, die Freiheit genannt, greift er diesen Gedanken nochmals zu Beginn dieses Abschnitts auf und erläutert im folgenden, welche Form von Freiheit er darunter versteht. Freiheit ordnet er dem öffentlichen, Gehorsam dem Privatgebrauch der Vernunft zu. Was das für den einzelnen bedeutet, liest man den zahlreichen Beispielen, die dieser Abschnitt enthält, leicht ab. Die Bei-

spiele sollen die Schüler in einer Partnerarbeitsphase unter diesem Aspekt auswerten und zugleich nach weiteren Begriffen suchen, die Kant anstelle des Begriffs ‚Publikum‘ verwendet (‚Weltbürgerschaft‘, ‚Leserwelt‘).

Die Ergebnisse der Partnerarbeit können in einem Tafelbild festgehalten werden. Dabei wären die Beispielfiguren (Offizier, Geistlicher und Finanzrat) in die Mitte zu setzen, so daß deutlich wird, daß sie als ein und dieselbe Person sowohl an dem öffentlichen (linkes Feld) als auch an dem Privatgebrauch der Vernunft (rechtes Feld) partizipieren, sowohl Glied eines auf Gehorsam verpflichteten gemeinen Wesens als auch Mitglied innerhalb einer Weltbürgergesellschaft der Gelehrten sind und als solche keine Einschränkung ihrer Freiheit erfahren dürfen (s. Tafelbild auf dem Stundenblatt).

Phase 2:
„Aufklärung in Religionssachen"

Die Analyse der ‚Aufklärung in Religionssachen‘, wie sie Kant im sechsten Abschnitt vorlegt, ist paradigmatisch zu verstehen, beschreibt doch hier Kant, wie er sich den Aufklärungsprozeß denkt, der von einer ‚Verewigung der Ungereimtheiten‘ freigehalten und statt dessen als ein Kontinuum progredierenden Erkenntnisgewinns offengehalten werden muß. Die Schüler sollen sich den sechsten Abschnitt der Abhandlung durch eine kleinere schriftliche Arbeit selbst erschließen. Unter der Fragestellung, ‚Warum sollte eine Gesellschaft von Geistlichen nicht berechtigt sein, sich eidlich untereinander auf ein gewisses unveränderliches Symbol zu verpflichten, um so eine unaufhörliche Obervormundschaft über jedes ihrer Mitglieder und vermittels ihrer über das ganze Volk zu führen?‘ soll der Kantsche Argumentationsgang in diesem Abschnitt möglichst in eigenen Worten wiedergegeben und auf seine Konsequenzen für die Aufgabe des Monarchen befragt werden. Ein solcher Kontrakt wäre nach Kant wider die „menschliche Natur, deren ursprüngliche Bestimmung gerade in diesem Fortschreiten besteht"; er verstieße gegen die Verpflichtung, die eine Gesellschaft gegenüber ihren Nachkommen hat, würde damit die „heiligsten Rechte der Menschheit verletzen und mit Füßen treten". Auch der Monarch, wenn er sich so versteht, daß sich in ihm der gesamte Volkswillen vereinigt, darf nicht wider das Volk beschließen. Im Gegenteil, seine Aufgabe ist es, die Möglichkeit einer öffentlichen Diskussion über die Religionssachen zu gewährleisten.

Phase 3:
Öffentlichkeit heute

Sollte nach der schriftlichen Arbeit noch genug Zeit bleiben, so wäre der restliche Teil der Stunde für eine Diskussion mit den Schülern zu nutzen, deren Leitfrage sein könnte, wer heute die Aufgabe des Kantschen Publikums übernommen habe bzw. worin sich heute bürgerliche Öffentlichkeit konstituiere und welchen Gefahren sie ausgesetzt sei. Fernsehen, Rundfunk und Presse sind heute neben den in Forschung und Lehre freien Wissenschaften wesentliche Bestandteile der bürgerlichen Öffentlichkeit, denen allerdings durch Monopolisierung, Kommerzialisierung bzw. Privatisierung im Zeitalter der massenkommunikativen Manipulation unübersehbare Gefahren drohen.

Phase 4:
Aufgabe des aufgeklärten absolutistischen Monarchen

Am Beginn der dritten Stunde steht ein Schülerkurzreferat zu dem Thema ‚Friedrich II. als aufgeklärter absolutistischer Monarch', das auf Informationen aus den im Unterricht benutzten Geschichtsbüchern, Universallexika oder Geschichtshandbüchern rekurrieren kann. Nach diesem Referat sollten die Schüler all jene Textstellen zusammentragen, wo Kant selbst die Aufgabe des Monarchen umreißt (s. vierter Abschnitt, Ende des sechsten Abschnitts, siebter bis neunter Abschnitt). Die Auswertung der Textstellen ergibt, daß Kant im absolutistischen Monarchen einen selbstdenkenden Herrscher sieht, der Toleranz übt, durch die Gewährung eines öffentlichen Gebrauches der Vernunft Freiheit des Denkens ermöglicht und sogar fördert, somit nicht den Fortschritt der Aufklärung behindert. Kant sieht ein solches Herrscherideal in Friedrich II. verkörpert, er nennt sogar nach ihm das ‚Zeitalter der Aufklärung' das ‚Jahrhundert Friedrichs'. In diesem Monarchen findet er einen Herrscher, dessen Denkungsart als Staatsoberhaupt dahin geht, daß es einsieht, „daß selbst in Ansehung der Gesetzgebung es ohne Gefahr sei, seinen Untertanen zu erlauben, von ihrer eigenen Vernunft öffentlich Gebrauch zu machen und ihre Gedanken über eine bessere Abfassung derselben, sogar mit einer freimütigen Kritik der schon gegebenen, der Welt öffentlich vorzulegen".

Phase 5:
„Wahre Reform der Denkungsart statt Revolution"

Bislang wurde eine nähere Betrachtung des vierten Abschnitts der Abhandlung ausgespart. Die Schüler sind erst jetzt in der Lage, diesen schwierigen Teil zu verstehen. Bei der Aufstellung der Teilüberschriften (s. o.) wurde bereits dieser Textabschnitt mit der Überschrift ‚Wahre Reform der Denkungsart statt Revolution' versehen. Jetzt kann in einem fragend-entwickelnden Gespräch erörtert werden, warum Kant für die Reform plädiert, warum er die Revolution ablehnt und welche Gefahren er in einer Revolution sieht. Sie nützt nämlich seiner Ansicht nach nichts, weil das Volk selbst bei einem selbstdenkenden Herrscher, solange sich die Denkungsart nicht geändert hat, doch wieder neue Vormünder suchen wird und sich durch Demagogen in Unmündigkeit halten läßt. Die Revolution bringt allenfalls einen „Abfall von persönlichem Despotismus und gewinnsüchtiger oder herrschsüchtiger Bedrückung". Jedoch werden neue Vorurteile „ebensowohl als die alten, zum Leitbande des gedankenlosen Haufens dienen".

Phase 6:
Der öffentliche Gebrauch der Vernunft in der Gesetzgebung

In der Fortsetzung des fragend-entwickelnden Gesprächs wird in einem letzten Schritt nochmals auf den letzten Abschnitt der Abhandlung verwiesen. Kant entwirft hier das Bild einer Gesellschaft, die den Schritt vom freien Denken zum freien Handeln vollzieht, und einer „Regierung, die es ihr selbst zuträglich findet, den Menschen, der nun mehr als Maschine ist, seiner Würde gemäß zu behandeln".

Hausaufgabe:

Als Hausaufgabe sollen die Schüler folgende Sätze aus Hamanns Kritik an Kants Auffassung erläutern und zu ihnen Stellung nehmen (s. Brief Johann Georg Hamanns an Christian Jacob Kraus, 18. Dez. 1784):
„Da reden sie als Vormünder, und müßen alles vergeßen u allem widersprechen, sobald sie in ihre eigene selbstverschuldete Unmündigkeit dem Staat Schaarwerk (=

harte Arbeit) thun sollen. Also der öffentl. Gebrauch der Vernunft u Freyheit ist nichts als ein Nachtisch, ein geiler Nachtisch. Der Privatgebrauch ist das tägl. Brodt, das wir für jenen entbehren sollen."

4. Stunde:
Radikalisierte Aufklärung: Erhard ‚Über das Recht des Volks zu einer Revolution'

Sachinformation

Wir beschränken uns auf einen Ausschnitt aus Erhards Abhandlung ‚Über das Recht des Volks zu einer Revolution', die zusammen mit anderen Schriften 1795 veröffentlicht wurde und durchaus als Reaktion auf die Französische Revolution gesehen werden kann.
Zunächst jedoch einige Daten zu Johann Benjamin Erhard, über den Auskunft einzuholen nicht sehr leicht ist, da er zu den Verschollenen und Vergessenen zu rechnen ist – ein Schicksal, das er mit vielen deutschen Jakobinern teilt. Erhard wurde 1766 geboren, war Arzt, eifriger Anhänger Kants, den er selbst in Königsberg aufsuchte. Zu seinen Bekannten zählten auch Schiller und Reinhold. Schiller selbst betrachtete seine ‚Ästhetischen Briefe' u. a. als Gegenargumentation zu Erhards Ideen. Neben seiner ärztlichen Tätigkeit in Nürnberg veröffentlichte Erhard Arbeiten zu politischen, sozialen und philosophischen Fragestellungen. Er, überzeugter Jakobiner und Anhänger der jakobinischen Diktatur 1793/94, plante mit Gleichgesinnten die Gründung einer Republik in Süddeutschland. Als dieses Projekt jedoch fehlschlug, dachte er an eine Auswanderung nach Amerika, verwarf jedoch diese Pläne und ließ sich ab 1799 in

Berlin als Arzt nieder, wo er 1827 starb. Erhard gehört – wie bereits erwähnt – zur Gruppe deutscher Jakobiner. Diese begrüßten die Französische Revolution und erstrebten eine ähnliche Umgestaltung Deutschlands. „Jakobiner' wurden sie genannt, weil sie sich tatsächlich oder nach der Meinung der damaligen Reaktion an der Gruppierung der französischen Jakobiner orientierten. „In kritischer Absetzung von der klassischen Idealisierungstheorie wie auch von der romantischen Autonomieauffassung entwickelten sie das Konzept einer eingreifenden Literatur. [...] Die Literatur erhielt die Aufgabe, Einsicht in die Ungerechtigkeiten der Sozial- und Gesellschaftsordnung zu vermitteln, das Bewußtsein der Bevölkerung zu entwickeln und die Bereitschaft für revolutionäre Aktionen zu erwecken. Erreicht werden konnte dies nach jakobinischem Selbstverständnis [...] durch eine Literatur, die inhaltlich wie formal am Bewußtseinsstand der Adressaten anknüpfte. Das Konzept der Volkstümlichkeit, das bei den Stürmern und Drängern in der vorrevolutionären Zeit bereits ausgebildet worden war, wurde bei den deutschen Jakobinern politisch zugespitzt und mit dem Prinzip der Parteilichkeit verbunden, d. h. mit der Parteinahme des jakobinischen Autors für die unterdrückten und ausgebeuteten Teile der Bevölkerung." (Inge Stephan, in: Wolfgang Beutin u. a.: Deutsche Literaturgeschichte, Metzler, Stuttgart 1979, S. 135.)
Erhard definiert die Revolution als die gewaltsame Einsetzung des Volkes „in die Rechte der Mündigkeit". Zweck der Revolution ist demnach die Änderung der „Grundverfassung zugunsten des Volkes". Sind beide Bedingungen nicht erfüllt, so kann nach Erhard auch nicht von einer Revolution, sondern allenfalls von einer Rebellion, einer Insurrektion oder einer Revolution vermittelst des Volkes,

aber nicht im Interesse des Volkes gesprochen werden. Letzte Instanz, vor der sich eine Revolution rechtfertigen muß, ist die Moral. Sie ist höchste Instanz in dem Sinne, daß die Revolution das letzte und einzige Mittel ist, das vom Volke angewandt werden muß, um seine Menschenrechte, die ihm vorenthalten werden, geltend zu machen. Unter Menschenrechten versteht Erhard „das Recht zur Aufklärung", so daß man sagen kann, eine Revolution des Volkes ist dann legitim, wenn sie das einzige Mittel ist, das Recht des Volkes zur Aufklärung durchzusetzen. In direktem Rückgriff auf Kant versteht Erhard die Unaufgeklärtheit des Volkes als selbstverschuldet. Und er sieht es als die Pflicht des Volkes an, diese Nachlässigkeit durch „eigne Anstrengung wieder zu ersetzen". Dabei darf die Revolution nie ein Rachezug des Volkes gegen diejenigen sein, die das Volk in Unmündigkeit gehalten haben, denn letztlich ist die Unmündigkeit selbstverschuldet. Nur wenn dem Volk die Mittel verweigert werden, derer es bedarf, um sich mündig zu machen, darf als ultima ratio das Volk zur Revolution greifen.
Erhard fragt sich außerdem, ob zu den Vorbedingungen bzw. zur Rechtmäßigkeit einer Revolution gehöre, daß sie politisch möglich sei. Er weist jedoch diese Frage zurück, da nach seiner Meinung ein Volk erst dann revoltieren könne, wenn es in sich Einigkeit erzeugt habe, und diese „Einstimmigkeit ist nur durch klare Einsicht in die Notwendigkeit der Revolution möglich, die nie ohne das Gefühl seiner Rechte bei dem Volk möglich ist". So gehört die Einsicht der Notwendigkeit der Revolution mit zu den Voraussetzungen, und wenn dies so ist, impliziert dies, daß auch die politische Möglichkeit, d. h. der Erfolg der Revolution, von vornherein einkalkuliert wird.
Erhard radikalisiert die Kantsche Posi-

tion. Er bevorzugt zunächst wie Kant die Reform bzw. den evolutionären Weg zur ,moralischen Staatsverfassung'. So heißt es in einem anderen, hier nicht zugrunde-gelegten Abschnitt seiner Abhandlung: „Erkennt aber das Volk seine Menschen-rechte und ehren sie die Vornehmen, so bedarf es keiner gewaltsamen Revolution. Beide Teile werden sich vereinigen, eine moralische Staatsverfassung zu gründen und als Bürger in Frieden unter den Ge-setzen der Gerechtigkeit zu leben. Glück-lich ist der Staat, wo die Vornehmen bei gleichem Fortschritt der Aufklärung mit dem Volke beständig so gerecht sind, um das Volk im Verhältnis seiner Aufklärung, die sie selbst befördern, zu behandeln. In einem solchen Staate geschieht das, was in andern durch Revolutionen geschiehet, durch eine von der Weisheit bewirkte Evolution." Aber so sehr auch diese Ge-danken an Kant erinnern mögen, Erhard geht doch insofern über Kant hinaus, als er klar jene Bedingungen benennt, die, wenn sie nicht erfüllt werden, notwendi-gerweise zur auch moralisch gerechtfertig-ten Revolution führen müssen.

Interessant ist an Erhards Abhandlung, wie sehr hier aus der bürgerlichen Moral-vorstellung politische Folgerungen gezo-gen werden. Damit ist ein Prozeß, der die Konstitution der bürgerlichen Gesellschaft begleitete, an sein konsequentes Ende ge-kommen: Das moralische Selbstverständ-nis des Bürgers definiert sich nicht länger mehr in einem sich bewußt von der abso-lutistischen Politik abkapselnden Raum, sondern bejaht, indem es sich als letzte Instanz setzt, die politische Gewalt als legitimes Mittel.

Unterrichtsverlauf

Phase 1:
Auswertung der Hausaufgabe

Einige Schülerarbeiten sind zu Beginn der Stunde vorzulesen und daraufhin zu über-prüfen, ob die Schüler verstanden haben, daß Hamann auf eine Wundstelle der Kantschen Abhandlung hinweist, indem er deutlich macht, daß Kant gemäß dem Prinzip ,Räsoniert, soviel ihr wollt, aber gehorcht' das Individuum in der Fronar-beit gegenüber dem Staat beläßt und ihm allenfalls als ,Nachtisch' Freiheit und Ver-nunftgebrauch zubilligt. Da Kant den öf-fentlichen Gebrauch der Vernunft auf die ,unschädlichste' Freiheit, nämlich die Re-defreiheit der Gelehrten vor der Welt der Leser, vorerst beschränkt, entzieht er – so lautet Hamanns Kritik – dem Volk das ,tägliche Brot' bzw. die substantielle Freiheit des Handelns in Selbstbestim-mung. Kant setzt auf einen listigen Me-chanismus der Vernunft, daß diejenigen, die zunächst nur die unschädlichste aller Freiheiten den Gelehrten zugestehen, zur Einsicht und damit zur Gewährung größe-rer Freiheiten gelangen werden. Hamann scheint sich von dieser Position einer ,Aufklärung von oben her' zu distanzie-ren, denn sie gewährt – wie es später Her-bert Marcuse als ,repressive Toleranz' be-schrieben hat – zwar selbst dem radikal-sten Gegner das Rederecht, aber greift sofort ein, wenn dieses Reden in Handeln übergeht. An Feststellungen dieser Art könnte sich auch die eigene Stellungnah-me der Schüler, die ebenfalls in der Haus-aufgabe gefordert war, entwickeln.

Phase 2:
Lektüre des Erhard-Textes

Bevor der Textausschnitt aus Erhards Ab-handlung (s. S. 37 f.) behandelt wird, können dem Schüler von seiten des Lehrers einige Informationen zur Person und zur auch heute noch weithin unbekannten Bewegung des Jakobinismus in Deutschland, zu der Erhard zu rechnen ist, gegeben werden. Erst danach sollte den Schülern der Text zugänglich gemacht und durch einen Schüler vorgelesen werden. Um allen Schülern die Möglichkeit zu geben, den Text intensiv zu lesen, wird danach eine Stillarbeitsphase eingeräumt, in der die nochmalige Lektüre des Textes unter der Fragestellung erfolgen soll, welche Textstellen herangezogen werden können, um die Nähe Erhards zu der von Kant in dessen Abhandlung ‚Was ist Aufklärung?‘ geäußerten Position zu belegen. Erhard knüpft an Kants Definition der Aufklärung an, versteht sie als Mündigkeit und hält es

– wie Kant vor ihm – für selbstverschuldet, wenn Mündigkeit in Unmündigkeit umschlägt.

Phase 3:
Erhards Radikalisierung der Kantschen Position

Nach der Auswertung der Ergebnisse der Stillarbeit werden in einem weiteren Schritt die Differenzen zwischen Kants und Erhards Position in einem Unterrichtsgespräch herausgearbeitet. Erhard ist durchaus geneigt, den Weg der Reformen zu gehen, unterscheidet sich aber insofern von Kant, als er die Revolution als ein Recht des Volkes begreift, von dem dieses dann Gebrauch machen darf bzw. muß, wenn es daran gehindert wird,

---

Johann Benjamin Erhard:
Über das Recht des Volks zu einer Revolution

Unter einer Revolution des Volks ließe sich nichts anders denken, als daß sich das Volk durch Gewalt in die Rechte der Mündigkeit einzusetzen und das rechtliche Verhältnis zwischen sich und den Vornehmen aufzuheben suchte. Der Begriff, den wir von einer Revolution oben überhaupt gaben, war, daß sie eine Umwälzung der Grundverfassung eines Staats sei; wird nun durch den Beisatz des Urhebers einer Revolution dieselbe näher bestimmt, so muß die Änderung der Verfassung zugunsten der Revoltierenden unternommen werden, und eine Revolution des Volks kann also keinen andern Zweck haben, als die Grundverfassung zugunsten des Volks umzuändern. Man muß hier eine *Revolution des Volks* von einer *Revolution,* die nur *vermittelst des Volks* durchgesetzt wird, unterscheiden. Im letztern Falle kann das Volk aus Unwissenheit oder durch Täuschung sogar zu seinem Nachteil revoltieren, aber man kann dann auch nicht sagen: das Volk fing eine Revolution an, sondern nur: das Volk ließ sich zu einer Revolution gebrauchen. Noch weniger darf eine Revolution des Volks, die als solche auf die Umänderung der konstitutionellen Rechte des Volks geht, mit einer Rebellion, wo nur den Gebietenden der Gehorsam verweigert wird, ohne deswegen eine Änderung der Regierung selbst zu bezwecken, oder mit einer Insurrektion, die nur die Abschaffung einzelner drückenden Rechte, Herkommen oder Anmaßungen der Regierung zum Zweck hat, verwechselt werden. Da bei einer Revolution überhaupt nicht nach dem äußern Recht entschieden werden kann, welches wider jede Revolution ist, aber die Moral als die höchste Instanz, vor der

es sich selbst zu verantworten hat, anerkennen muß, so kann auch bei einer Revolution des Volks die Sache nicht rechtlich entschieden werden. Eine Revolution überhaupt wird aber dadurch moralisch gebilligt, wenn nur durch sie die Menschenrechte können geltend gemacht werden, und also auch eine Revolution des Volks. Das Menschenrecht aber, das dem Volke kollektive zukommt, ist kein anderes als das Recht zur Aufklärung; denn die andern sind persönlich und hängen ihrem Einfluß auf eine Revolution nach alle von der Aufklärung des Volks ab. Die Unmündigkeit eines Volks ist aber selbstverschuldet, und insoferne tut es nie recht, deswegen zu revolieren, um sich dafür, daß es als unmündig behandelt worden, zu rächen; aber da es diese Verschuldung dadurch gutmachen soll, daß es seine Nachlässigkeit durch eigene Anstrengung wieder ersetzt, so kann es die Mittel fordern, die es bedarf, um sich mündig zu machen. Will man also das Volk hindern, sich aufzuklären, so tut es recht, sich zu erheben, und wenn diese Hindernisse aus der Konstitution entspringen, die Konstitution aufzuheben. Alle äußern Vorzüge der Vornehmen in Glücksgütern, die nicht durch das bloße Vornehmsein erworben sind, berechtigen nicht zu einer Revolution, denn sie entziehen als solche den Menschenrechten nichts, sondern nur diejenigen Vorzüge, die mit den Äußerungen der Menschenrechte im Widerspruch stehen. Wenn die Arbeiten des Volks so drückend sind, daß ihm gar keine Zeit gelassen wird, etwas Menschliches zu unternehmen, sondern alles vielmehr angelegt wird, es in der Stupidität eines Lasttiers zu erhalten, so hat es das Recht zu einer Revolution. Es wird sich aber dieses Rechts nicht leicht zu bedienen wissen, und die Vornehmen wären sicher, wenn der Mensch nur Gefühl für Recht und nicht auch für Religion hätte. Ein solches Volk läßt Gott auf dem Wege der Religion aus der Dienstbarkeit führen. –
Bei dem Volk ist eine Revolution allezeit politisch möglich, und alle Betrachtungen, inwieferne die politische Möglichkeit selbst zur Rechtmäßigkeit einer planmäßigen Revolution erfordert wird, fallen bei dem Volke weg. Das Volk kann allezeit eine Revolution durchsetzen, ohne deswegen allezeit recht zu haben. Es kann aber nicht leicht geschehen, daß das Volk revoltiere, ohne recht zu haben, denn es kann nicht als Volk revoltieren, ohne einstimmig zu sein, und diese Einstimmigkeit ist nur durch klare Einsicht in die Notwendigkeit der Revolution möglich, die nie ohne das Gefühl seiner Rechte bei dem Volke möglich ist. Sich über Grundsätze zu verständigen, ist eine Sache, die bisher den Philosophen nicht gelungen ist, und sich also gar nicht vom Volk erwarten läßt. Da aber doch zur Einstimmung erfordert wird, daß man von allgemeingeltenden Prinzipien ausgehet, so kann das Volk, wenn es einstimmig handelt, nur von der moralischen Natur des Menschen oder vom Gefühl für Recht ausgehen. Die Geschichte, soweit ich sie kenne, dürfte aber schwerlich noch ein Beispiel einer Revolution des Volks als selbsttätig, nicht als nur dazu gebraucht, aufzuweisen haben. [...]

Aus: Johann Benjamin Erhard: Über das Recht des Volks zu einer Revolution und andere Schriften, Jena u. Leipzig 1795. Zit. nach: Was ist Aufklärung? Thesen und Definitionen, hrsg. v. Ehrhard Bahr, Reclam jun. Stuttgart 1974, S. 44–47.

sich in die Rechte der Mündigkeit wieder einzusetzen. In Form eines Tafelbildes können dabei die Begriffe ‚Revolution‘, ‚Rebellion‘ und ‚Insurrektion‘ voneinander abgehoben werden. Wichtig ist vor allem im Gespräch mit den Schülern, daß für Erhard die Moral als die höchste Instanz die Legitimationsbasis einer Revolution abgibt. Damit ist der bei Kant noch festzustellende Widerspruch zwischen öffentlichem und privatem Gebrauch der Vernunft aufgehoben. Kant lag – zumindest in seiner Abhandlung ‚Beantwortung der Frage...‘ – an einer Vermittlung mit dem aufgeklärten Absolutismus, Erhard hingegen schwebt als Ziel die bürgerliche Verfassung einer Republik, in der die Unterschiede zwischen den Vornehmen und dem Volk eingeebnet sind, vor Augen. Zum andern hebt Erhard den für das 18. Jahrhundert so wichtigen Unterschied zwischen Moral und Politik zugunsten einer Vermittlung beider Bereiche wieder auf.

Phase 4:
Erhards Menschenrechte und die Grundrechte der Verfassung

Als Zusatztext könnten in einer abschließenden Phase den Schülern die im Grundgesetz formulierten Grundrechte ausgehändigt werden. Die von Erhard vorgenommene Gleichstellung der Menschenrechte mit dem Recht auf Aufklärung könnte, verbunden mit dem Verweis auf die Grundrechte, verdeutlichen, wie prägend für die Moderne Positionen der Aufklärung wurden.

5. Stunde:
Diffamierung der Aufklärung: Artikel ‚Aufklärung‘ (Herders ‚Konversationslexikon‘, 1902)

Sachinformation

Die Bezugnahme auf das Grundgesetz im Zusammenhang mit dem Erhard-Text hat zeigen können, wie gegenwartsbestimmend heute noch aufklärerische Positionen sind. Nunmehr soll mit einem sehr kurzen Lexikon-Artikel aus Herders ‚Konservations-Lexikon‘ zum Begriff ‚Aufklärung‘ zumindest angedeutet werden, wie lange sich Vorurteile, ja auch Berührungsängste in bezug auf die Bewegung der Aufklärung haben halten können. Der Artikel stammt aus der dritten Auflage des Universallexikons, die 1902 mit ihrem ersten Band erschien. Er läßt jede Objektivität und Neutralität, die man eigentlich von einem Lexikonartikel erwarten würde, vermissen – ein Phänomen, das eigentlich nur dadurch erklärbar ist, daß es sich hier um ein eindeutig katholisches Verlagshaus handelt, das dieses Lexikon herausgab.
Der Wert einer Behandlung dieses Artikels geht jedoch darüber hinaus, Schülern zu zeigen, wie sich antiaufklärerisches Denken hielt, sogar an Stellen, an denen man es gar nicht vermuten würde. Gleichzeitig bietet der Artikel auch die Möglichkeit, durch die Nennung von Namen, philosophischen Schulen usw. einen ersten Blick auf die zu behandelnde Epoche zu tun. Schließlich bietet der Artikel in seiner Einseitigkeit auch die Möglichkeit, gleichsam ex negativo zu zeigen, daß sich aufklärerisches Denken zunächst vor allem auf dem Felde der Theologie und Religion entwickelte – ein wichtiger strategischer Zug der Aufklärer, denn unter dem Deckmantel der religiösen Problematik

konnte oft auch ein Stück politischer Thematik abgehandelt werden.

Die Auseinandersetzung mit der Religion verbindet die drei als Einstieg in die Unterrichtsreihe gewählten Texte: Kant hob darauf bei seinen Beispielen ab; Erhard weist der Religion eine wichtige Stellung zu, da sie Kritik ermöglicht, der sich auch die Herrschenden unterziehen müssen. Er schreibt: „Die Vornehmen wären sicher, wenn der Mensch nur Gefühl für Recht und nicht auch für Religion hätte. Ein solches Volk läßt Gott auf dem Wege der Revolution aus der Dienstbarkeit." Der Lexikonartikel verkürzt die Aufklärung auf eine rationalistisch-ungläubige Richtung. Die Frage nach der Bedeutung der Religion wird bei der Behandlung des ‚Nathan' ganz zentral stehen, so daß bereits mit dem ersten Unterrichtskomplex dazu gute Vorarbeit geleistet sein könnte.

Unterrichtsverlauf

Phase 1:
Textsorte: Lexikonartikel

Den Schülern ist zunächst unvermittelt die Frage zu stellen, welche Forderung Lexikonartikel ihrer Meinung nach erfüllen müssen. Als Antwort ist die Nennung folgender Kriterien denkbar: Der Artikel muß knapp sein, dennoch die wichtigsten Informationen enthalten. Die Informationen müssen mit dem neuesten Stand der Wissenschaft auf dem entsprechenden Gebiet übereinstimmen, möglichst allgemein verständlich formuliert und ohne explizites Vorwissen verstehbar sein. Die im Artikel verwandten Begriffe müssen so eingeführt werden, daß sie nicht erst durch weiteres Nachschlagen innerhalb des Lexikons verstehbar sind. Die Erläuterungen innerhalb des Artikels dürfen nicht standpunktbezogen und einseitig gegeben werden, sondern müssen das Kriterium der Objektivität erfüllen.

Phase 2:
Analyse eines Lexikonartikels zur Aufklärung

Nach dieser ersten Abklärung wäre den Schülern nunmehr unkommentiert der Ausschnitt aus dem Herder-Lexikon zur Lektüre vorzulegen (s. S. 41). Es ist damit zu rechnen, daß die Schüler spontan den Artikel als tendenziös abgefaßt qualifizieren. In Stillarbeit kann nunmehr der Artikel unter zweierlei Hinsicht genau analysiert werden: Zum einen wäre zu fragen, welche Informationen zur Aufklärung der Text enthält, die noch nicht Gegenstand der vorausgegangenen Unterrichtsstunden waren. Zum anderen müßten die Schüler den Text auf jene Schreibstrategie hin analysieren, die eine Diffamierung der Aufklärung aus dem Text heraushören läßt (z.B. Verwendung von Anführungszeichen usw.). Der antiaufklärerische Ton, mit dem der Artikel verfaßt ist, erklärt sich daraus, daß der Verfasser des Textes offensichtlich vom Standpunkt der christlichen Offenbarungsreligion her schreibt, die er mit ihren Glaubensinhalten nicht bereit ist, in Frage zu stellen. Ist das Tendenziöse des Artikels von den Schülern bemerkt und belegt worden, kann man ihnen nunmehr die Textquelle, die bislang ungenannt blieb, nennen. Es handelt sich um einen Artikel aus „Herders Konversationslexikon". Die hier benutzte Auflage erschien kurz nach der Jahrhundertwende und zeigt deutlich den katholischen Standpunkt, der für das gesamte Lexikonunternehmen zu dieser Zeit bestimmend war.

Aus Herders Konversationslexikon

Aufklärung, im weitern Sinn jede Belehrung, seit dem Anfang des 18. Jahrh. Bezeichnung einer rationalistisch-ungläubigen Richtung, die den positiven christlichen Glauben als Unwissenheit u. Finsternis behandelt, die Vernunft ‚mündig‘ u. von den Fesseln der übernatürlichen Offenbarung frei machen will. Von den engl. Deisten ausgegangen, von den franz. Enzyklopädisten eifrig gefördert, drang die A. auch in Deutschland ein, zuerst in den prot. Teilen, wo die innere Spaltung in zahlreiche Sekten u. der immer mehr zum Bewußtsein kommende Widerspruch der symbolischen Bücher mit dem Prinzip der freien Forschung den Boden geebnet hatte; ihre Hauptvertreter fand sie hier in den Philosophen Christian Thomasius, Christian Wolf u. den Theologen I. S. Baumgarten u. Semler, mächtige Gönner u. Förderer in Friedrich II. v. Preußen, dessen Regierungszeit vorzüglich als das Zeitalter der A. gilt, Kant, Lessing, Herder, Wieland u. Goethe, dem Illuminatenorden u. der Berliner ‚Gesellschaft der Freunde der A.‘ mit Nicolai an der Spitze, der ihr bes. durch seine ‚Allgemeine deutsche Bibliothek‘ weite Verbreitung verschaffte. Vom Norden her drang die A. bald auch in die kath. Teile Deutschlands ein, in Österreich (bes. unter Joseph II.), Bayern u. die rheinischen Kurfürstentümer. Gegen Ende des 18. Jahrh. herrschte an allen kath. deutschen Universitäten in Philosophie u. Theologie die seichteste A. Alle kath. Dogmen u. Einrichtungen wurden ‚vernunftgemäß‘ umgestaltet u. verflacht; selbst in der Liturgie u. den Gebetbüchern wurde alles eigentümlich Katholische u. Christliche beseitigt od. mit dem Zeitgeist in Einklang gebracht. [...]

Aus: Herders Konversations-Lexikon, 3. Aufl., Bd. 1, Herdersche Verlagsbuchhandlung, Freiburg 1902, S. 811

Phase 3:
Verfassen eines Artikels ‚Aufklärung‘

Zur Abrundung sollen die Schüler dazu aufgefordert werden, selbst einen kurzen Lexikonartikel zu dem Begriff ‚Aufklärung‘ zu verfassen. Dazu ist es notwendig, die Arbeitsergebnisse der vorigen Stunden zu sammeln, was in Form von Gruppenarbeit geschehen kann. Die Schüler können ihre Ergebnisse aus der Gruppenarbeit gegenseitig komplettieren. Diese Zusammenstellung ist dann Grundlage für die *Hausaufgabe*, eine schriftliche Ausarbeitung zu einem Lexikonartikel ‚Aufklärung‘.

6./7. Stunde
Das Bürgertum als soziale Trägergruppe der Aufklärung und der Literatur des 18. Jahrhunderts (Autoren, Buchhandel, Lesepublikum)

Sachinformation

Das, was in diesen Stunden klar gemacht werden soll, ist zweierlei:
1) Es soll dem Schüler anhand weniger Beispiele verdeutlicht werden, daß die Trägerschicht der Aufklärungsbewegung das Bürgertum war. „Doch muß man sich

klar sein, daß nicht von einer bürgerlichen Klasse im Deutschland des 18. Jahrhunderts gesprochen werden kann. Zum Bürgertum als Summe von nichtadligen, nichtbäuerlichen, nebenständischen Kräften gehörten heterogene Gruppen, Männer im Dienst der Fürsten oder der Kirche, Kaufleute. Sie alle besaßen keinen festen Platz in der ständischen Gesellschaft; sie alle waren die ‚Bürgerlichen' im neuen Sinne, die weder ökonomisch noch im Anspruch auf und in der Teilhabe an Bildung eine homogene Gruppe bildeten." (Geschichte der deutschen Literatur. Aufklärung/Sturm und Drang, S. 28)
2) Was dem Bürgertum des 18. Jahrhunderts also gemein ist, ist allenfalls, daß es eben nichtadlig, nichtbäuerlich usw. ist. Und damit ist genau jenes Problemfeld bezeichnet, zu dessen Lösung die Literatur und die Wissenschaften im 18. Jahrhundert ihren Beitrag leisten. Die sich im Laufe des 18. Jahrhunderts konstituierende bürgerliche Gesellschaft, die sich zunächst einmal ein Verständnis ihrer selbst schaffen muß, bedarf des Diskussions- und des Erprobungsfeldes für bürgerliches Handeln und funktioniert in diesem Sinne Literatur um. Literarische Texte werden zu Verständigungstexten einer neu sich bildenden sozialen Gruppe, eine Funktion, die auch der Literatur in der Aufbauphase der DDR oder heute der Frauenliteratur zukommt.
Für die literarische Produktion des 18. Jahrhunderts gilt dann grob folgendes:
a) Die Aufklärung und die sie befördernde Literatur sind vor allem eine städtische Erscheinung, wobei insbesondere an große Handels- und Universitätsstädte zu denken ist, wie Hamburg, Leipzig, Frankfurt, Zürich, Halle oder Göttingen; hier bildet sich – vor allem im protestantischen Norddeutschland – ein interessiertes Lesepublikum, wohingegen die Höfe – sieht man einmal von den sog. Hofpoeten zu Beginn des 18. Jahrhunderts ab – sich nicht an der nationalsprachlichen Literatur orientieren, sondern vornehmlich der französischen und italienischen Literatur bis weit ins 18. Jahrhundert hinein huldigen. Erst am Ende des Jahrhunderts unterstützen einige Höfe (Weimar, Darmstadt oder Karlsruhe) die deutsche Literatur. Im Gegensatz zu anderen europäischen Staaten fehlt es in Deutschland folglich an einem Zentrum. Erst ab 1780 nehmen – allerdings mit Einschränkungen – Berlin bzw. Wien diese Rollen ein.
b) Im Laufe des 18. Jahrhunderts ist ein stetiges Anwachsen der literarischen und publizistischen Produktion zu verzeichnen. So verdoppelt sich im 18. Jahrhundert die Buchproduktion auf 400000 bis 500000 Titel, wobei der Anteil der in Latein geschriebenen Veröffentlichungen seine dominierende Stellung verlor. Zum Ende des 18. Jahrhunderts umfaßte er lediglich noch 4% (zu Beginn des Jahrhunderts nahm er noch 28% in Anspruch). Die anwachsende literarische Produktion hat mehrfache Ursachen. Der Anteil der alphabetisierten Bevölkerung vergrößerte sich. Am Ende des Jahrhunderts betrug dieser 50% (Beginn des 18. Jahrhunderts ca. 80–90% Analphabeten), somit stieg auch sprunghaft die Anzahl potentieller Leser. Diese belief sich nach heutigen Schätzungen um 1770 auf 15%, um 1800 aber bereits schon auf 25% der Bevölkerung.
Die Abkehr von der gelehrtsprachlichen lateinischen Buchkultur, damit die Öffnung zur Volkssprache, die Änderung des Leseverhaltens (von der intensiven zur extensiven Buchlektüre), das Anwachsen der Freizeit innerhalb der bürgerlichen Kleinfamilie, die zunehmende Freistellung von hausfraulichen Arbeiten, die Pädagogisierung und damit Literarisierung der Kindererziehung sind weitere Gründe für die steigende Buchproduktion.

Man wird jedoch Vorsicht walten lassen müssen bezüglich der Einschätzung, wer denn nun im 18. Jahrhundert der Leser der Buch- und Presseerzeugnisse war. Ein Großteil des Bürgetums, vor allem des heute sog. Kleinbürgertums, hat gar keine Zeit zur Lektüre. Leser sind vor allem großbürgerliche Kreise, bzw. Bürger aus dem gehobenen Bürgertum und Dienstboten, letztere immerhin 10–20 % der Gesamtbevölkerung darstellend.

c) Mit den Änderungen auf dem literarischen Markt ändert sich auch der Schriftstellertyp und dessen Selbstverständnis. Oberflächlich betrachtet, wird man sagen dürfen, daß sich innerhalb des 18. Jahrhunderts die Entwicklung von einem mäzenatisch betreuten Schriftsteller zum Typ des freien, vom literarischen Markt abhängigen Berufsschriftstellers vollzieht, der sich dem literarischen Geschmack der Zeit unterwerfen oder bewußt von ihm distanzieren kann und der andere Autoren als Konkurrenten begreifen muß. Abgesehen von den oben bereits erwähnten Hofpoeten wie Canitz, Besser und König nehmen für viele Autoren des 18. Jahrhunderts der Magistrat, die Kirche oder Bildungsinstitutionen wie die Universität mäzenatische Funktion ein, indem sie für ein festes Salair sorgen und dem Poeten die für seine Poesie nötigen Nebenstunden gewähren. Einige Beispiele mögen dies verdeutlichen: Hamburger Patrizier sind Brockes und Hagedorn, Leipziger Steuereinnehmer Rabener und Weiße, Gelehrte Haller, Bodmer, Breitinger und Gottsched. Eine andere Gruppe von Schriftstellern zeichnet sich dadurch aus, daß sie aus gebildetem, aber besitzlosem Mittelstand (Beamte, Pastoren- oder Lehrersöhne) stammt. Ab 1770 betritt dann noch eine weitere Gruppe von Literaten den gefährlichen Parnaß. Sie stammen aus den unteren bürgerlichen oder bäuerlichen Schichten wie Seume, Voß, Jung-Stilling,

Moritz oder Klinger. Nur wenigen Autoren gelingt es im 18. Jahrhundert – und dies auch nur zeitweilig –, allein durch die literarische Produktion ihren Lebensunterhalt zu verdienen. Versuche dieser Art finden sich phasenweise bei Klopstock oder Lessing. Was von diesen intendiert wurde, mußte jedoch erst real ermöglicht werden, z. B. durch das Verbot von Raub- und Nachdrucken wie durch eine Sicherung von geistigem Eigentum.

Unterrichtsverlauf

Um den oben skizzierten Unterrichtskomplex zu bewältigen, seien im folgenden drei mögliche Wege vorgeschlagen:

Zunächst könnte man sich damit begnügen, durch ein einziges Schülerreferat die Grundlagen der literarischen Entwicklung im 18. Jahrhundert darzustellen. Sucht man in der Sekundärliteratur nach einer für Schüler geeigneten Textgrundlage, die zugleich verständlich, aber auch informativ gehalten ist, bietet sich besonders der entsprechende Abschnitt in der ,Geschichte der deutschen Literatur, Bd. 1 Aufklärung/Sturm und Drang' von Theo Herold und Hildegard Wittenberg an (Klett Verlag, Stuttgart 1983, S. 26–33). Dieser Ausschnitt hat neben seiner Leichtverständlichkeit noch den Vorteil, daß zunächst ein kurzer Überblick über die politischen, sozialen und wirtschaftlichen Voraussetzungen der Aufklärungsbewegung im 18. Jahrhundert gegeben wird. Neben den politischen und sozioökonomischen Voraussetzungen liefert er in einem weiteren Teil brauchbare Informationen über spezifische Veränderungen des literarischen Marktes, des Lesepublikums und der Stellung des Autors innerhalb des Buchmarktes (vom Mäzenatentum zum freien Schriftsteller). Der Schüler, der mit dem entsprechenden Referat nach Möglichkeit noch vor Beginn der gesamten Unterrichtsreihe beauftragt werden sollte, wäre zugleich dazu anzuhalten, daß er die wichtigsten Sachverhalte in Form eines Thesenpapiers festhält und seinen Mitschülern zugänglich macht.

Letzteres wäre auch bei unserem zweiten Vorschlag zu beachten. Hierbei würde jedoch statt des einen Referates eine Folge von Kurzreferaten zu halten sein, die sich im einzelnen auf folgende Themenkomplexe beziehen sollten:
Die Situation
– der Autoren im 18. Jahrhundert
– des Buchhandels im 18. Jahrhundert
– des Publikums im 18. Jahrhundert.
Für alle drei Referate bildet eine gute Grundlage die Textzusammenstellung im Materialienteil des Editionenbandes ‚Aufklärung – Sturm und Drang. Kunst- und Dichtungstheorien‘ (s. S. 88–113).

Wem allerdings die hier gemachten Vorschläge der Unterrichtsgestaltung zu monoton (drei Referate sollten vielleicht nicht aufeinander folgen) und zu wenig anschaulich sind, könnte sich möglicherweise mit einem dritten Vorschlag anfreunden, den wir nun vorstellen wollen.

Phase 1:
Analyse von Voss' ‚Stand und Würde'

Den Schwerpunkt bilden die Anfertigung einer Tabelle und die Auswertung von Schaubildern und Statistiken, die in Gruppenarbeit erfolgen können. Um dafür den thematischen Rahmen zu geben, der darin zu sehen ist, daß das sich konstituierende Bürgertum im wesentlichen Träger der Aufklärung und ihrer Literatur ist, sei vorweg ein Gedicht von Voss (1751–1826) behandelt, an dem die Situation und das sich ändernde Selbstverständnis des Bürgers im 18. Jahrhundert leicht ablesbar sind.

Das Gedicht lautet:

Stand und Würde

Der adliche Rat.
Mein Vater war ein Reichsbaron!
Und Ihrer war, ich meine . . .?

Der bürgerliche Rat.
So niedrig, daß, mein Herr Baron,
Ich glaube, wären Sie sein Sohn,
Sie hüteten die Schweine.

Das Gedicht, das im fragend-entwickelnden Unterrichtsgespräch leicht analysierbar ist, ist ein kurzer Dialog eines adligen und eines bürgerlichen Rates, wobei die einzelnen Dialogpartien auf die beiden Strophen verteilt sind. Dabei bleibt dem Bürger bezeichnenderweise das letzte Wort, ihm gehört der längere Redepart, denn die zweite Strophe ist um eine Zeile verlängert. Die mit der ersten Strophe gesetzte Reimabfolge spannt durch geschickte Verzögerung die Aufmerksamkeit auf das letzte Reimwort „Schweine", die eigentliche Pointe des Gedichtes, die jedoch nicht vom Autor, sondern vom Leser selbst aufgeschlüsselt werden muß. Bürgerliches Selbstbewußtsein prägt diesen Kurzdialog, denn auf die blasierte, hämisch abbrechende Frage des Barons, nachdem dieser stolz (s. das Ausrufezeichen am Ende der 2. Zeile) auf seine Herkunft, seinen ererbten Stand hingewiesen hat, weiß der Bürger mit einer ihm eigenen Schlagfertigkeit zu antworten, indem er auf sein Verdienst, die von ihm erbrachte Leistung hinweist. Das Gedicht legt Zeugnis ab für ein vom Bürger erworbenes Selbstbewußtsein. Seine auf Leistung rekurrierende Würde hält er dem Geburtsadel entgegen, er fühlt sich dem Adligen gleichgestellt, ja sogar überlegen. Der dreiste, witzig-spöttelnde Ton des bürgerlichen Rates beweist es.

Arbeitsblatt: Gruppe 1

Skizzierung der Hauptgruppen im Statusaufbau einer Residenzstadt im 18. Jahrhundert

Zeichnungen aus: W. Barner / G. Grimm / H. Kiesel / M. Kramer: Lessing. Ein Arbeitsbuch für den literaturgeschichtlichen Unterricht. Verlag C. H. Beck, München 1975, S. 52f.

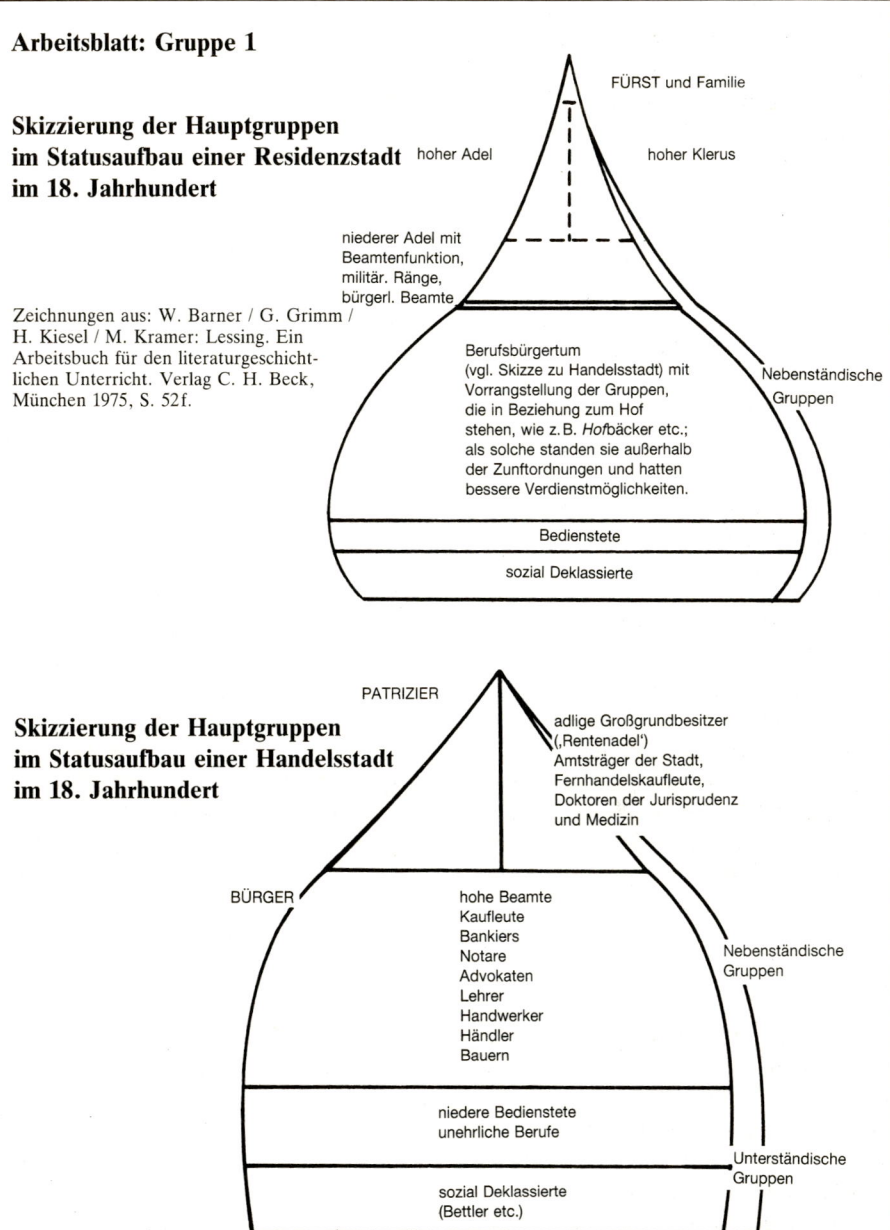

FÜRST und Familie

hoher Adel   hoher Klerus

niederer Adel mit Beamtenfunktion, militär. Ränge, bürgerl. Beamte

Berufsbürgertum (vgl. Skizze zu Handelsstadt) mit Vorrangstellung der Gruppen, die in Beziehung zum Hof stehen, wie z.B. *Hof*bäcker etc.; als solche standen sie außerhalb der Zunftordnungen und hatten bessere Verdienstmöglichkeiten.

Nebenständische Gruppen

Bedienstete

sozial Deklassierte

Skizzierung der Hauptgruppen im Statusaufbau einer Handelsstadt im 18. Jahrhundert

PATRIZIER

adlige Großgrundbesitzer ('Rentenadel') Amtsträger der Stadt, Fernhandelskaufleute, Doktoren der Jurisprudenz und Medizin

BÜRGER

hohe Beamte
Kaufleute
Bankiers
Notare
Advokaten
Lehrer
Handwerker
Händler
Bauern

Nebenständische Gruppen

niedere Bedienstete
unehrliche Berufe

Unterständische Gruppen

sozial Deklassierte
(Bettler etc.)

Arbeitsaufträge:

1. Wie unterscheidet sich der Statusaufbau einer Residenzstadt von dem einer Handelsstadt?
2. Wo findet sich jeweils jene Gruppe, aus der sich später das sogenannte ‚Bürgertum' bilden wird?
3. Wo könnte man in diesen Skizzen jeweils den Schriftsteller einordnen?

Arbeitsblatt: Gruppe 2

Tabelle 1

In den Jahren von 1780 bis 1782 verzeichnete das ‚Magazin des Buch- und Kunst-Handels' insgesamt 7846 Titel „inländischer Schriften". Nach Wittmanns regionaler Aufgliederung der Gesamtzahl von 7846 Büchern ergibt sich folgendes Bild der deutschen Verlagstätigkeit, wobei die Randgebiete und kooperierende ausländische Verleger mitberücksichtigt sind:

Norddeutschland	mit Leipzig:	5311 =	69,17%
	ohne Leipzig:	4120 =	53,67%
	(Leipzig:	1191 =	15,50%)
Süddeutschland	mit Frankfurt:	1451 =	18,90%
	ohne Frankfurt:	1190 =	15,50%
	(Frankfurt:	261 =	3,40%)

Tabelle 2

Die folgende Tabelle von Jentzsch zeigt den Wandel im Angebot lateinisch geschriebener Bücher in den einzelnen Sachgebieten nach den Leipziger Oster-meß-Katalogen von 1740, 1770 und 1800:

	1740	1770	1800
In der Gesamtproduktion	27,68%	14,25%	3,97%
Außerklassische Philologie	80,00%	37,5%	3,57%
Naturwissenschaften	66,67%	30,44%	16,28%
Philosophie im engeren Sinne	62,96%	26,92%	7,69%
Jurisprudenz	53,79%	40,98%	6,2%
Klassische Philologie	55,55%	51,43%	41,03%
Philosophie im weiteren Sinne (mit Einschluß der Alchimie usw.)	45,45%	20,59%	7,45%
Allgemeine Gelehrsamkeit	42,5%	25,00%	15,625%
Medizin	38,00%	25,27%	4,306%
Fachmännisch-gelehrte theolog. Literatur	31,65%	24,14%	5,16%
Geschichte-Geographie	23,53%	8,18%	1,84%
Mathematik	23,08%	11,54%	1,88%
Gesamte Theologie	15,46%	12,86%	2,59%
Populär-moralische Schriften	8,00%	–	–
Schöne Künste und Wissenschaften	6,82%	3,72%	0,54%

Tabelle 3

Auf ständig rückläufiger Bahn bewegen sich:

	1740	1770	1800
die Theologie	38,54%	24,47%	13,55%
Jurisprudenz	12,85%	5,33%	5,02%
Allgemeine Gelehrsamkeit	5,298%	4,46%	1,44%

Alle übrigen lassen sich als in stetem Vordringen begriffen beobachten:

Schöne Künste und Wissenschaften	5,83%	16,43%	21,45%
Populär-moralisch-philosphische Schriften . .	3,31%	3,41%	3,97%
Erziehung und Unterricht	0,535%	1,75%	4,09%
Praktische Hausbücher	0,93%	1,40%	2,06%
Staatswissenschaft	1,34%	2,80%	3,62%
Mathematik – Naturwissenschaft	3,31%	6,206%	7,12%
Medizin	6,62%	7,95%	8,135%
Landwirtschaft – Gewerbe	1,06%	5,24%	8,06%

Tabellen entnommen: Helmuth Kiesel, Gesellschaft und Literatur im 18. Jahrhundert, Verlag C. H. Beck, München 1977, S. 186, 198 f., 202

Arbeitsaufträge:
1. Wie erklärt sich die regionale Verschiedenheit der deutschen Verlagstätigkeit? (Tab. 1)
2. Wie erklärt sich der Rückgang lateinisch geschriebener Bücher in einzelnen Sachgebieten? (Tab. 2)
3. Wie erklärt sich die Rückläufigkeit bzw. das Vordringen der Buchproduktion in einigen Sparten? (Tab. 3)

Phase 2:
Der ‚Bürger‘ in Stadt und Residenz

Mit einer Auslegung des Voss'schen Gedichtes kann dem Schüler verdeutlicht werden, welches Selbstbewußtsein der Bürger im Laufe des 18. Jahrhunderts gewinnt. Ein nächster Schritt wäre nun, sich anhand zweier Schaubilder zu vergegenwärtigen (s. S. 45), welcher Stand denn der des Bürgertums im 18. Jahrhundert ist, welchen Ort es innerhalb der Ständehierarchie einnimmt. Die Interpretation dieser Schaubilder kann von einer Schülergruppe geleistet werden (die Ergebnisse sollen in einem kurzen Text wiedergegeben werden).

Eine andere Gruppe soll die Statistiken auf S. 46f. auswerten, erläutern und ihre Ergebnisse in einem kurzen, selbstverfaßten Text wiedergeben.

Eine dritte Gruppe kann damit beauftragt werden, sich über die Dichterbiographien einiger typischer Schriftsteller des 18. Jahrhunderts zu informieren. Die Autoren sind: Brockes, Gottsched, Haller, Gleim, Klopstock, Lenz, Lessing. Sie

wurden ausgewählt, weil sie verschiedene Dichtertypen darstellen und verschiedene literarische Zentren und Gruppierungen bezeichnen. Außerdem sind sie z. T. Verfasser später zu behandelnder Texte. Die von den Schülern zusammengetragenen Daten müßten nun nach folgenden Gesichtspunkten ausgewertet werden:
Lebensdaten
Beruf neben der Schriftstellerei
hauptsächlicher Wirkungskreis
wichtige Werke (mit Gattungsbezeichnung)
Die Vorbereitung für diese Aufgabe müßte allerdings rechtzeitig – vielleicht schon gleich zu Beginn der gesamten Unterrichtsreihe – gestellt werden, denn ein solcher Suchauftrag ist nicht leicht zu erfüllen, wenn die Nachschlagewerke nicht direkt im Unterricht zugänglich sind, d. h. sieben Schüler müßten sich bereit erklären, Daten über die oben genannten Autoren zusammenzutragen, die nunmehr innerhalb der Gruppenarbeit in eine Tabelle eingearbeitet werden könnten, die allen Schülern kopiert zur Verfügung gestellt werden könnte.

Phase 3:
Bürgertum als kulturelle Trägerschicht

Nach Beendigung der Gruppenarbeit können deren Ergebnisse in einem Gespräch zusammengetragen werden, das sich auf die Frage konzentriert: Welche Rolle kommt dem Bürgertum innerhalb der Aufklärungsbewegung und ihrer Literatur zu? Erwähnung müßte in diesem Gespräch nochmals finden, daß man bei dem ‚Bürgertum‘ des 18. Jahrhunderts zunächst noch von einer recht inhomogenen Gruppe ausgehen muß. So unterscheidet sich z. B. das Bürgertum einer Residenzstadt von dem einer Handelsstadt erheblich. Trotz dieser Unterschiede wird man aber die Behauptung aufstellen können, daß

sich das Bürgertum zur wichtigsten kulturellen Trägerschicht herausbildet. Aus ihm stammen die Autoren wie die Leser, so daß allmählich an die Stelle des höfischen Mäzenatentums der literarische Markt tritt, der nunmehr im wesentlichen von der deutschsprachigen Literatur, die vornehmlich dem Unterhaltungs-, Bildungs- und Erziehungsbedürfnis nachkommt, beherrscht wird.

8. Stunde
Einführung in die Problemkonstellation des ‚Nathan‘: Mendelssohns Brief an Lavater

Sachinformation

Etwa zehn Jahre bevor Lessing in seinem ‚dramatischen Gedicht‘ ‚Nathan der Weise‘ seinen Juden durch die hinterhältige Frage Saladins, welches denn nun die wahre Religion sei, in eine verfängliche Situation bringt, sah sich der Jude Moses Mendelssohn (1729–1786) durch Lavater in eine eben solche Situation gebracht. Der Naturforscher und philosophische Schriftsteller Charles Bonnet (1720–1793) hatte ein Buch mit dem Titel ‚Philosophische Palingenese oder Ideen über den vergangenen und den zukünftigen Zustand der Lebewesen‘ verfaßt, das der Schweizer Theologe und Schriftsteller Johann Kaspar Lavater (1741–1801) ins Deutsche übersetzte, nunmehr mit dem Titel versehen: ‚Philosophische Untersuchung der Beweise für das Christentum‘.
In seinem Buch entwickelt Bonnet eine Idee über den zukünftigen Zustand der Lebewesen. Die Lebewesen, die vor der in der ‚Genesis‘ beschriebenen Revolution existieren, waren nach Bonnet von den heutigen verschieden, enthielten aber bereits Keime für ihre gegenwärtige Exi-

stenz. Entsprechend bestehen in den organisierten Lebewesen des derzeitigen Zustandes Keime für eine neue Daseinsweise, die nicht das Ergebnis einer Generation, sondern jener Revolution sein wird, welche die Bibel ankündigt. Die Lebewesen, die in dieser neuen Entwicklungsstufe ins Dasein treten, werden mit einer besonderen körperlichen Materie ausgestattet sein, deren Organisation sie vor weiteren Veränderungen schützt. In diesem zukünftigen Leben wird der Mensch neue Organe entwickeln, und seine Seele wird mit einem Körper zusammengesetzt sein, der keimhaft schon in seinem gegenwärtigen Körper angelegt ist. In einer Zueignung seiner Übersetzung an Mendelssohn hatte Lavater diesen zu dieser Zeit schon berühmten Juden aufgefordert, „vor den Augen des Publicums", diese „Schrift zu widerlegen, wofern [er] die wesentlichen Argumentationen, womit die Thatsachen des Christenthums unterstützt sind, nicht richtig finde; dafern [er] aber dieselbe richtig finde, zu thun, was Klugheit, Wahrheitsliebe und Redlichkeit [ihn] thun heißen, – was ein Sokrates gethan hätte, wenn er diese Schrift gelesen und unwiderleglich gefunden hätte, d. i. die Religion [seiner] Väter zu verlassen, und [sich] zu derjenigen zu bekennen, die Bonnet vertheidigt."

Mendelssohn weist das Ansinnen Lavaters zu konvertieren strikt ab. Er tut dies mit Begründungen, in denen bereits Argumente Nathans anklingen. Mendelssohn bekennt, schon lange seine Religion untersucht zu haben, aber nach all den Untersuchungen doch „im Herzen von ihrer Wahrheit" überzeugt zu sein. Er unterscheidet jedoch bei seiner wie bei jeder anderen Religion zwischen dem Wesentlichen einer Religion und den menschlichen Zusätzen und Mißbräuchen. Jede Religion – so Mendelssohn – zeigt sich in diesen zwei Gestalten, einem wesentli-

chen Kern und einer Schale „schädlicher Menschensatzungen", „ein vergiftender Hauch der Heuchelei und des Aberglaubens". Der Kern aller Religionen, so dürfen wir Mendelssohn verstehen, ist aber allen Religionen gleich, sofern sie „Zur Tugend anführen" bzw. die „menschliche Glückseligkeit" befördern. Mendelssohn fordert den Geist der Toleranz, den er – allem Vorurteil zum Trotz – gerade im Judentum verwirklicht sieht. Ja, er glaubt sogar, entgegen der Orthodoxie, daß selbst ,Heiden' wie Solon oder Confucius nicht verdammt sind. Mendelssohn ist folglich der Meinung, daß durchaus auch außerhalb der Kirche Seligkeit zu finden sei. Er stellt sich damit als ein Vertreter der natürlichen Religion dar, eine auf Vernunftglauben (im Gegensatz zum Glauben an eine natürliche Offenbarung) basierende religiöse Haltung, die alle für die Religion unverzichtbaren theoretischen und praktischen Annahmen allein durch den natürlichen Vernunftgebrauch gewinnen will. Auf die Frage, wie verschiedene Formen des Offenbarungsglaubens koexistieren könnten, ohne das Recht der Menschheit zu bedrohen, gaben Vertreter der natürlichen Religion bzw. Deisten die Antwort, daß der Mensch die ewige Seligkeit in erster Linie durch sein gutes Handeln, d. h. durch die Erfüllung der Gebote der natürlichen Religion, erwerbe, nur in zweiter Linie durch den Offenbarungsglauben. Diese These forderte eine Neubestimmung des Verhältnisses von Moral und Religion, und die Konsequenz eines solchen Denkens ist auch bei Mendelssohn vernehmbar, wenn er sich, typisch für die Haltung vieler Aufklärer, zunächst auf die Seite der Praxis bzw. Moral schlägt. Er fühlt sich trotz aller „Nationalvorurtheile und irriger Religionsmeinungen" seinen Mitbürgern, den Juden, verbunden, „wenn diese Irrthümer weder die natürliche Religion, noch das natürliche

Gesetz unmittelbar zu Grunde richten." Und er verzichtet darauf – auch hierbei stellt er sich eindeutig auf den Standpunkt der Praxis –, öffentlich gegen Irrtümer anzukämpfen, „wenn diese zu den höhern theoretischen Grundsätzen gehören, die von dem Praktischen zu weit entfernt sind, um unmittelbar schädlich zu sein, aber, eben ihrer Allgemeinheit wegen, die Grundlagen ausmachen, auf welchen das Volk das System seiner Sittenlehre und Geselligkeit aufgebaut hat".

In den letzten Abschnitten seines Schreibens geht Mendelssohn auf die prekäre Lage der Juden in Preußen ein, ein Aspekt des Briefes, der auch in Hinsicht auf den ‚Nathan‘ wahrgenommen werden sollte, wenn man ermessen will, was es bedeutete, wenn Lessing einen edlen Juden auf die Bühne stellte. Mendelssohn verweist auf seine „häusliche Verfassung", in welcher er unter seinen Mitmenschen lebe: „Ich bin ein Mitglied eines unterdrückten Volks, das von dem Wohlwollen der herrschenden Nation Schutz und Schirm erflehen muß und solchen nicht allenthalben und nirgend ohne gewisse Einschränkungen erhält. Freiheiten, die jedem andern Menschenkinde nachgelassen werden, versagen sich meine Glaubensgenossen gerne und sind zufrieden, wenn sie geduldet und geschützt werden. Sie müssen es der Nation, die sie unter erträglichen Bedingungen aufnimmt, für keine geringe Wohltat anrechnen, da ihnen in manchen Staaten sogar der Aufenthalt versagt wird."

Schreiben an den Herrn Diaconus Lavater zu Zürich. 1769

Moses Mendelssohn

Verehrungswerter Menschenfreund!
Sie haben für gut befunden, des Herrn Bonnet's Untersuchung der Beweise für das Christentum, die Sie aus dem Französischen übersetzt, mir zuzueignen, und in der Zuschrift mich vor den Augen des Publicums auf die allerfeierlichste Weise zu beschwören: „diese Schrift zu widerlegen, wofern ich die wesentlichen Argumentationen, womit die Thatsachen des Christenthums unterstützt sind, nicht richtig finde; dafern ich aber dieselbe richtig finde, zu thun, was Klugheit, Wahrheitsliebe und Redlichkeit mich thun heißen, – was ein Sokrates gethan hätte, wenn er diese Schrift gelesen und unwiderleglich gefunden hätte"; d.i. die Religion meiner Väter zu verlassen, und mich zu derjenigen zu bekennen, die Herr Bonnet vertheidigt. [...]
Da Sie sich der vertraulichen Unterredung noch erinnern, die ich das Vergnügen gehabt, mit Ihnen und Ihren würdigen Freunden auf meiner Stube zu halten, so können Sie unmöglich vergessen haben, wie oft ich das Gespräch von Religionssachen ab und auf gleichgültigere Materien zu lenken gesucht habe; wie sehr Sie und Ihre Freunde in mich dringen mußten, bevor ich es wagte, in einer Angelegenheit, die dem Herzen so wichtig ist, meine Gesinnung zu äußern. [...]
Allein die Bedenklichkeit, mich in Religionsstreitigkeiten einzulassen, ist von meiner Seite nie Furcht oder Blödigkeit gewesen. Ich darf sagen, daß ich meine Religion nicht erst seit gestern zu untersuchen angefangen. Die Pflicht, meine

Meinungen und Handlungen zu prüfen, habe ich gar frühzeitig erkannt, und wenn ich, von früher Jugend an, meine Ruh- und Erholungsstunden der Weltweisheit und den schönen Wissenschaften gewidmet habe, so ist es einzig und allein in der Absicht geschehen, mich zu dieser so nöthigen Prüfung vorzubereiten. [...]

Wäre nach diesem vieljährigen Forschen die Entscheidung nicht völlig zum Vortheile meiner Religion ausgefallen, so hätte sie nothwendig durch eine öffentliche Handlung bekannt werden müssen. Ich begreife nicht, was mich an eine, dem Ansehen nach so überstrenge, so allgemein verachtete Religion fesseln könnte, wenn ich nicht im Herzen von ihrer Wahrheit überzeugt wäre. Das Resultat meiner Untersuchungen mochte sein, welches man wollte, sobald ich die Religion meiner Väter nicht für die wahre erkannte, so mußte ich sie verlassen. Wäre ich im Herzen von einer andern überführt, so wäre es die verworfenste Niederträchtigkeit, der innerlichen Ueberzeugung zum Trotz, die Wahrheit nicht bekennen zu wollen. [...]

Sie sehen also, daß ohne aufrichtige Ueberzeugung von meiner Religion der Erfolg meiner Untersuchung sich in einer öffentlichen Thathandlung hätte zeigen müssen. Da sie mich aber in Dem bestärkte, was meiner Väter ist; so konnte ich meinen Weg im Stillen fortwandeln, ohne der Welt von meiner Ueberzeugung Rechenschaft ablegen zu dürfen. Ich werde es nicht leugnen, daß ich bei meiner Religion menschliche Zusätze und Mißbräuche wahrgenommen, die leider! ihren Glanz nur zu sehr verdunkeln. Welcher Freund der Wahrheit kann sich rühmen, seine Religion von schädlichen Menschensatzungen frei gefunden zu haben? Wir erkennen ihn alle, diesen vergiftenden Hauch der Heuchelei und des Aberglaubens, so viel unserer sind, die wir die Wahrheit suchen, und wünschen, ihn ohne Nachtheil des Wahren und Guten abwischen zu können. Allein von dem *Wesentlichen* meiner Religion bin ich so fest, so unwiderleglich versichert, als Sie, oder Bonnet nur immer von der Ihrigen sein können, und ich bezeuge hiermit vor dem Gott der Wahrheit, Ihrem und meinem Erschöpfer und Erhalter, bei dem Sie mich, in Ihrer Zuschrift beschworen haben, daß ich bei meinen Grundsätzen bleiben werde, so lange meine ganze Seele nicht eine andere Natur annimmt. [...]

Nach den Grundsätzen meiner Religion soll ich Niemand, der nicht nach unserm Gesetze geboren ist, zu bekehren suchen. Dieser Geist der Bekehrung, dessen Ursprung Einige so gern der jüdischen Religion aufbürden möchten, ist derselben gleichwohl schnurstracks zuwider. Alle unsere Rabbinen lehren einmüthig, daß die schriftlichen und mündlichen Gesetze, in welchen unsere geoffenbarte Religion bestehet, nur für unsere Nation verbindlich seien. Mose hat uns das Gesetz geboten, es ist ein *Erbtheil der Gemeine Jacob.* [...]

Wenn unter meinen Zeitgenossen ein Confucius oder Solon lebte, so könnte ich, nach den Grundsätzen meiner Religion, den großen Mann lieben und bewundern, ohne auf den lächerlichen Gedanken zu kommen, einen Confucius oder Solon *bekehren* zu wollen. Bekehren? wozu? Da er nicht zu der *Gemeine Jacobs* gehöret, so verbinden ihn meine Religionsgesetze nicht, und über die Lehren wollten wir uns bald einverstehen. Ob ich glaubte, daß er selig werden könnte? – Oh, mich dünkt, wer in diesem Leben die Menschen zur Tugend anführt, kann in jenem nicht verdammt werden. [...]

Ich habe das Glück, so manchen vortrefflichen Mann, der nicht meines Glaubens ist, zum Freunde zu haben. Wir lieben uns aufrichtig, ob wir gleich vermuthen und voraussetzen, daß wir in Glaubenssachen ganz verschiedener Meinungen sind. Ich genieße die Wollust ihres Umganges, der mich bessert und ergötzt. Niemals hat mir mein Herz heimlich zugerufen: *Schade für die schöne Seele!* Wer da glaubt, daß außerhalb seiner Kirche keine Seligkeit zu finden sei. Dem müssen dergleichen Seufzer gar oft in der Brust aufsteigen.

Es ist zwar die natürliche Verbindlichkeit eines jeden Sterblichen, Erkenntniß und Tugend unter seinen Nebenmenschen auszubreiten, und die Vorurtheile und Irrthümer derselben nach Vermögen zu vertilgen. In dieser Betrachtung, könnte man glauben, sei es die Schuldigkeit eines jeden Menschen, die Religionsmeinungen, die er für irrig hält, öffentlich zu bestreiten. Allein nicht alle Vorurtheile sind von gleicher Schädlichkeit, und daher müssen auch nicht alle Vorurtheile, die wir bei unsern Nebenmenschen wahrzunehmen glauben, auf einerlei Weise behandelt werden. Einige sind der Glückseligkeit des menschlichen Geschlechts unmittelbar zuwider. Ihr Einfluß auf die Sitten der Menschen ist offenbar verderblich, und man hat auch nicht einmal einen zufälligen Nutzen von ihnen zu erwarten. Diese müssen von jedem Menschenfreunde geradezu angegriffen werden. Der gerade Weg, auf sie loszugehen, ist unstreitig der beste, und jede Verzögerung durch Umwege unverantwortlich. Von dieser Art sind alle Irrthümer und Vorurtheile der Menschen, die ihre eigene und ihrer Nebenmenschen Ruhe und Zufriedenheit stören, und jeden Keim des Wahren und Guten in dem Menschen tödten, bevor er zum Ausbruche kommen kann. Von der einen Seite Fanatismus, Menschenhaß, Verfolgungsgeist, und von der andern Seite Leichtsinn, Ueppigkeit und unsittliche Freigeisterei.

Zuweilen gehören aber die Meinungen meiner Nebenmenschen, die ich nach meiner Ueberzeugung für Irrthümer halte, zu den höhern theoretischen Grundsätzen, die von dem Praktischen zu weit entfernt sind, um unmittelbar schädlich zu sein; sie machen aber, eben ihrer Allgemeinheit wegen, die Grundlagen aus, auf welchen das Volk, welches sie heget, das System seiner Sittenlehre und Geselligkeit aufgeführt hat, und sind also zufälligerweise diesem Theile des menschlichen Geschlechts von großer Wichtigkeit geworden. Solche Lehrsätze öffentlich bestreiten, weil sie uns Vorurtheile dünken, heißt, ohne das Gebäude zu unterstützen, den Grund durchwühlen, um zu untersuchen, ob er fest und sicher ist. Wer mehr für das Wohl der Menschen, als für seinen eigenen Ruhm sorget, wird über Vorurtheile von dieser Art seine Meinung zurückhalten, sich hüten, sie geradezu und ohne die größte Behutsamkeit anzugreifen, um nicht ein ihm verdächtiges Principium der Sittlichkeit umzustoßen, bevor seine Nebenmenschen das Wahre angenommen, das er an die Stelle setzen will.

Ich kann also gar wohl bei meinen Mitbürgern Nationalvorurtheile und irrige Religionsmeinungen zu erkennen glauben, und dennoch *verbunden* sein, zu schweigen, wenn diese Irrthümer weder die *natürliche* Religion, noch das *natürliche* Gesetz *unmittelbar* zu Grunde richten.

[...]

Man ist zu dieser Bescheidenheit um so viel mehr verbunden, wenn die Nation, welche nach unserer Meinung dergleichen Irrthümer heget, sich übrigens durch

Tugend und Weisheit verehrenswerth gemacht hat, und eine Menge großer Männer unter sich zählet, die Wohltäter des menschlichen Geschlechts genennt zu werden verdienen. Ein so edler Theil der Menschheit muß auch da, wo ihm etwas Menschliches begegnet, mit Ehrfurcht verschont werden. Wer darf sich erkühnen, die Vortrefflichkeit einer so erhabenen Nation aus den Augen zu setzen und sie da anzugreifen, wo er eine Schwäche bemerkt zu haben glaubet?

Dieses sind die Bewegungsgründe, die mir meine Religion und meine Philosophie an die Hand geben, Religionsstreitigkeiten sorgfältig zu vermeiden. Setzen Sie die häusliche Verfassung hinzu, in welcher ich unter meinen Nebenmenschen lebe, so werden Sie mich vollkommen rechtfertigen. Ich bin ein Mitglied eines unterdrückten Volks, das von dem Wohlwollen der herrschenden Nation Schutz und Schirm entflehen muß und solchen nicht allenthalben und nirgend ohne gewisse Einschränkungen erhält. Freiheiten, die jedem andern Menschenkinde nachgelassen werden, versagen sich meine Glaubensgenossen gerne und sind zufrieden, wenn sie geduldet und geschützt werden. Sie müssen es der Nation, die sie unter erträglichen Bedingungen aufnimmt, für keine geringe Wohltat anrechnen, da ihnen in manchen Staaten sogar der *Aufenthalt* versagt wird. Ist es doch nach den Gesetzen Ihrer Vaterstadt Ihrem beschnittenen Freunde nicht einmal vergönnt, Sie in *Zürich* zu besuchen! Welche Erkenntlichkeit sind meine Glaubensbrüder also nicht der herrschenden Nation schuldig, die sie in der allgemeinen Menschenliebe mit einschließt und sie ungehindert den Allmächtigen nach ihrer Väter Weise anbeten läßt? Sie genießen in dem Staate, in welchem ich lebe, hierin die anständigste Freiheit, und ihre Mitglieder sollten sich nicht scheuen, die Religion des herrschenden Theils zu bestreiten, das heißt, ihre Beschützer von der Seite anzufallen, die tugendhaften Menschen die empfindlichste sein muß? [...]

Ich habe Ihnen nunmehr die Gründe angezeigt, warum ich so sehr wünsche, niemals über Religionssachen zu streiten; ich habe Ihnen aber auch zu erkennen gegeben, daß ich gar wohl glaube, der Bonnet'schen Schrift Etwas entgegensetzen zu können. Wenn darauf gedrungen wird, so *muß* ich die Bedenklichkeit aus den Augen setzen und mich entschließen, in *Gegenbetrachtungen* meine Gedanken über des Herrn Bonnet Schrift und die von ihm vertheidigte Sache öffentlich bekannt zu machen. Ich hoffe aber, daß Sie mich dieses unangenehmen Schrittes überheben und lieber zugeben werden, daß ich in die friedsame Lage zurückkehre, die mir so natürlich ist. Wenn Sie sich an meine Stelle setzen und die Umstände nicht aus Ihrem Gesichtspunkte, sondern aus dem meinigen betrachten, so werden Sie meiner Neigung Gerechtigkeit widerfahren lassen. Ich möchte nicht gerne in Versuchung kommen, aus den Schranken zu treten, die ich mir mit so gutem Vorbedachte selbst gesetzt habe.

Ich bin mit der vollkommensten Hochachtung

Berlin,
d. 12. Decbr. 1769.

Ihr aufrichtiger Verehrer
Moses Mendelssohn

Aus: Moses Mendelssohn, Gesammelte Schriften. Nach den Originaldrucken und Handschriften, hrsg. v. G. B. Mendelssohn, Leipzig: Brockhaus, 1843, 3. Bd., S. 39–49

Unterrichtsverlauf

Zur Vorbereitung auf eine Analyse des ‚Nathan' wählen wir einen etwas ungewöhnlichen Einstieg, indem wir an den Anfang das Schreiben Mendelssohns, des jüdischen Freundes Lessings, setzen. Dabei ist nicht ohne Bedeutung – was jedoch erst im nachhinein bei der Besprechung des ‚Nathan' angesprochen werden soll –, daß Mendelssohn zum einen Pate bei der Konzeption der Figur des Nathan stand, zum andern aber auch in der Auseinandersetzung zwischen Mendelssohn und Lavater ein Argumentenaustausch stattfindet, der in einigen Passagen des ‚dramatischen Gedichts' wiedergefunden werden kann und somit auf die zeitgenössische Aktualität des ‚Nathan' gleich zu Anfang verweist.

Phase 1:
Kommentierte Lektüre des Textes

Der Brief (s. S. 50ff.) wird den Schülern unter Beibehaltung der ursprünglichen Orthographie, um die historische Patina des Textes zu bewahren, mit nur wenigen Kürzungen zugänglich gemacht. Der Lehrer kann noch einige Angaben zu Briefschreiber- und -empfänger machen. Folgende Erläuterungen müßten noch zu einem besseren Textverständnis gegeben werden:
Sokrates: griech. Philosoph, geb. in Athen um 470, gest. ebd. 399 v. Chr., Vorbildfigur für die Aufklärer wegen des sokratischen Dialogs, der der Wahrheitsfindung dient. Grundlegend für seine Lehre ist, daß, wenn es auf ein wahrhaft gutes und gerechtes Leben ankommt, man das jeweilige faktische Verständnis des Lebens durch vernünftiges Denken in Richtung auf ein Wissen über uns selbst und damit darüber, wie wir handeln sollen, überwinden muß. Dieses

Wissen kann nicht monologisch erworben werden, sondern bedarf, um Selbsttäuschungen zu entgehen, des philosophischen Dialogs.
Weltweisheit: Philosophie.
schöne Wissenschaften: Literatur.
Confucius: chinesischer Philosoph, Religionsstifter (551–479 v. Chr.).
Solon: Gesetzgeber Athens (etwa 640–um 560 v. Chr.).

Phase 2:
Erörterung von Schreibanlaß und -absicht

Weitere Hilfestellungen sollen dem Schüler zunächst nicht an die Hand gegeben werden. Er soll vielmehr darauf verwiesen werden, daß, um einen Text zu verstehen – und der Brief an den Diaconus Lavater verschließt sich zunächst einem glatten Verständnis –, es vonnöten ist, sich klarzumachen, in welcher Situation und auf welche Frage hin dieser Text verfaßt worden ist. Die erste Aufgabe des Schülers wäre also, nach einer eingehenden Lektüre des Textes, diese Situation kurz schriftlich zu skizzieren und zu bestimmen, welche Stellung Mendelssohn gegenüber Lavaters Ansinnen bezieht. Dazu bieten sich die ersten vier Abschnitte des Briefes an, denn ihnen ist zu entnehmen, wie es dazu kam, daß Mendelssohn dieses Antwortschreiben verfaßte und welche Position er gegenüber Lavater vertreten wird.

Phase 3:
Mendelssohns Argumentation

Nach diesen Vorabklärungen kann nunmehr im Gespräch von den Schülern anhand der Abschnitte 5–10 analysiert werden, welche Gründe Mendelssohn anführt, die Religion seiner Väter nicht abzulegen. Mendelssohn argumentiert von der Position eines Deisten bzw. natürlichen Theologen her, indem er bei den Religionen zwischen deren Wesen und deren Erscheinung (Heuchelei, Aberglaube, menschliche Zusätze, Mißbräuche) unterscheidet und damit für die Toleranz unter den Religionen wirbt. Die Haltung der Toleranz resultiert nicht aus der Religion oder einem politischen Kalkül, sondern leitet sich aus der Priorität der Praxis und einem erkenntnistheoretischen Relativismus ab. Die Glückseligkeit ist allein durch ein tugendhaftes Leben zu erlangen.

Phase 4:
Die Situation der Juden in Deutschland

Um die letzten Abschnitte des Briefes zu verstehen, bedarf es der Information über die Situation der Juden im 18. Jahrhundert in Deutschland. Diese Information kann von den Schülern im Anschluß an die Lektüre anhand eines kurzen Abschnitts aus dem Materialienteil zu der ‚Nathan‘-Ausgabe im Editionenheft erworben werden (s. A. Altmann, Zur Lage der Juden, S. 164f.). Eine andere Möglichkeit wäre ein Schülerreferat über Christian Wilhelm Dohms Abhandlung von 1781 ‚Über die bürgerliche Verbesserung der Juden‘. (Ein gut ausgewählter Abschnitt aus dieser Schrift findet sich in: R. Ulshöfer. Arbeitsbuch Deutsch. Sekundarstufe II. Literatur und Gesellschaft. Schroedel. Crüwell. S. 148–150).
In dem Referat zur Lage der Juden im Deutschland des 18. Jahrhunderts dürfen folgende Hinweise nicht fehlen: Nur eine kleine Gruppe der Juden besaß ein ‚Generalprivileg‘, das ihr das Recht einräumte, sich an allen für Juden zugelassenen Orten niederzulassen, umzuziehen und Häuser zu erwerben. Das Generalprivileg umschloß auch die Gleichheit mit dem christlichen Kaufmann im Handel und die Vererbung dieser Privilegien an alle Kinder. Die ‚gewöhnlichen Schutzjuden‘, die

‚außergewöhnlichen Schutzjuden‘, die ‚offiziellen Gemeindevertreter‘ und schließlich eine fünfte und sechste Klasse von Juden, die in keiner Weise geschützt war, unterscheiden sich untereinander durch eine graduelle Verweigerung jener Rechte, die den vornehmlich finanzkräftigen und darum auch so geduldeten ‚privilegierten‘ Juden gewährt wurden. Insgesamt gilt, daß den Juden im 18. Jahrhundert vor den ersten Versuchen, sie bürgerlich gleichzustellen, kein Recht zur freien Wohnungswahl eingeräumt wurde, der Status des Vaters allenfalls nur auf ein Kind vererbbar oder gegen eine hohe Geldsumme zu erwerben war. Die Berufstätigkeit wurde weitestgehend eingeschränkt, so daß Christian Wilhelm Dohm in seiner Abhandlung ‚Über die bürgerliche Verbesserung der Juden‘ die Gruppe der Juden des Vorwurfs entheben konnte, sie seien geldgierig und von Natur aus Wucherer, indem er auf die sozialen Ursachen hinwies: „Diesem Unglücklichen also, der kein Vaterland hat, dessen Thätigkeit allenthalben beschränkt ist, der nirgend seine Talente frei äußern kann, an dessen Tugend nicht geglaubt wird, für den es fast keine Ehre gibt; – ihm bleibt kein anderer Weg des vergünstigten Daseyns zu geniessen, sich zu nähren, als der Handel. Aber auch dieser ist durch viele Einschränkungen und Abgaben erschwert." Ebenso bedarf es des Hinweises auf die gegenläufigen, von der Aufklärung forcierten Bestrebungen, die Juden innerhalb der bürgerlichen Gesellschaft gleichzustellen, Versuche, die jedoch nur unter Joseph II. in Österreich erste Erfolge zeitigten (1782; in Preußen 1808 bzw. 1812). Durch das Referat dürften bessere Voraussetzungen geschaffen sein, mit den Schülern zu erörtern, wie Mendelssohn die Lage der Juden in Preußen beurteilt und wie er daraus sein eigenes Handeln zu erklären versucht. Er schreibt: „Ich bin ein Mitglied eines unterdrückten Volkes, das von dem Wohlwollen der herrschenden Nation Schutz und Schirm erflehen muß und solchen nicht allenthalben und nirgend ohne gewisse Einschränkungen erhält. Freiheiten, die jedem andern Menschenkinde nachgelassen werden, versagen sich meine Glaubensgenossen gerne und sind zufrieden, wenn sie geduldet und geschützt werden." Wegen dieser „allgemeinen Menschenliebe", die die Preußen gegen die Juden bezeugen, scheut sich Mendelssohn, die Religion „des herrschenden Theils zu bestreiten".

Hausaufgabe:

Die Schüler sollten für die nächste Stunde nochmals den ersten Akt des ‚Nathan‘ gründlich lesen.

Exkurs:
Vorüberlegung zum ‚Nathan‘

Der ‚Nathan‘ ist zum ‚Klassiker‘ geworden. Er beherrscht die Bühne und gehört in den Schulen zumindest zum ‚geheimen Kanon‘ oder schon wieder zur verpflichtenden Lektüre bzw. zum verbindlich gemachten Kanon. Damit aber ist die Gefahr gegeben, daß der ‚Nathan‘ zur abgeklapperten Schullektüre, zum konsumierten ‚Bildungsgut‘, eben zum ‚toten Klassiker‘ wird und sein Autor Lessing, wie Jean Améry warnend feststellte, „feierlich im deutschen Pantheon begraben" wird. Die routinierte Lektüre des ‚Nathan‘ im Bildungs- und Kulturgeschäft glättet den Text, ebnet seine Widerstandsfähigkeit zugunsten einer in Festreden herbeibeschworenen idealisierten Humanität ein, die von der Wirklichkeit in jedem Augenblick Lügen gestraft wird: Die Schüler sind hellhörig und skeptisch gegenüber einer solchen scheinhaften Harmonisierung, deren ideologische Interessen sie leicht durchschauen können.

Aber auch noch andere Schwierigkeiten birgt eine Behandlung des ‚Nathan‘ in der Schule in sich. Gemessen an anderen ihnen bekannten Dramen halten die Schüler den ‚Nathan‘ für ein äußerst sprödes Werk, dem es an erwarteter Spannung mangelt. Die weitgehende Aussparung eigentlich szenisch-theatralischer Elemente zugunsten des reinen Dialogs schreckt ab. Gleiches gilt auch für die dem Drama oft unterstellte Lehrhaftigkeit. Schon die Zeitgenossen Lessings sprachen von ‚Nathan‘ als einem „dramatischen Lehrgedicht" (Mendelssohn). Blankenburg nennt ihn das „erhabenste aller Lehrgedichte", und Engel meint gerade hinsichtlich der dialogischen Form, „Nathan sei das vielleicht rührendste und erhabenste, wie das tiefste und ideenreichste aller Lehrgedichte". Auch in der heutigen Forschung findet sich zuweilen diese Ansicht wieder. So stellt G. Mattenklott fest, daß Lessing mit seinem ‚Nathan‘ von seinem früher befolgten dramaturgischen Konzept abweiche: „Mit dem ‚Nathan‘ wird das Drama philosophisch. Das heißt, seine Wahrheit ereignet sich nicht in der Sprache des Dialogs, in dessen Rationalität sie zum Erscheinen käme, und sie ist von keiner dramatischen Vergegenwärtigung mehr glaubwürdig zu veranschaulichen. So wird die dramatische Handlung als eine Parabel relativiert, die auf eine Wahrheit jenseits ihrer selbst verweist. Daß der ‚Nathan‘ kein Drama mehr im Sinne seiner Dramaturgie ist, hat Lessing angedeutet, wenn er das Stück – im Anschluß an Voltaires Bezeichnung des ‚genre moyen‘ – ein ‚dramatisches Gedicht‘ nennt." (Gerd Mattenklott: Drama – Gottsched bis Lessing, in: Deutsche Literatur. Eine Sozialgeschichte, hrsg. v. Horst Albert Glaser, Bd. 4, Hamburg 1980, S. 197)

Wer die Ansicht teilt, Lessings ‚Nathan' sei nichts anderes als ein dramatisiertes Lehrgedicht, wird zum einen Verständnis für jene Schüler aufbringen können, die sich solcher direkten Belehrung mit gutem Recht verschließen. Er wird es zum andern auch für legitim erachten – was häufig in der Schule praktiziert wird –, daß der ‚Nathan' lediglich auf sein Herzstück, die Parabel von den drei Ringen, verkürzt wird, denn hier habe man – so argumentieren diejenigen, die den Text entsprechend behandeln – das didaktische Konzentrat in Händen, das man ohne weiteres aus dem dramatischen Kontext herauslösen könne. Die Parabel biete den Leitgedanken des Stückes, daß nämlich die Dogmen einer Religion für sich nichts bedeuten und über ihren Rang gegen andere Religionen einzig die humanisierende Kraft entscheide, die dem Glauben innewohne. Praktische Humanität übersteige an Wert jede Theorie und jeden für das soziale Verhalten folgenlosen Wahrheitsbesitz. Ein solcher, das Drama illegitim verkürzender Interpretationsversuch verursacht selbst bei den Schülern Desinteresse dem Stück gegenüber.

Nach all dem Gesagten dürfte deutlich geworden sein, daß ein Interpretationsansatz für den ‚Nathan' in der Schule gefunden werden muß, der Ringparabel und dramatische Handlung in eine einsichtige Beziehung zueinander setzt, und zwar so, daß nicht die Handlung lediglich als Exemplifizierung der Parabel gedeutet wird. Darüber hinaus muß auch die Schülerkritik ernst genommen werden, die dem ‚Nathan' ein Höchstmaß an Unwahrscheinlichkeit, Konstruiertheit und damit Unglaubwürdigkeit und Folgelosigkeit unterstellt. Schüler verweisen bei diesem Punkt immer wieder auf die Schlußszene, die ihnen in der „stummen Wiederholung allseitiger Umarmungen" zu sehr erzwungen, gestellt, ja sentimental und beinahe kitschig zu sein scheint. Und sie wehren sich gegen die Nathan-Gestalt selbst als eine zu sehr idealisierte, dem Leben schon zu sehr enthobene Pädagogenfigur. Es sind aber genau diese kritischen Schüleräußerungen, die fruchtbar gemacht werden können. Lessing selbst geht auf die Unwahrscheinlichkeit seines ‚Nathan' ein, wenn er in der Ankündigung des Stückes (der Nathan ist zur Subskription ausgeschrieben worden) davon spricht, daß er im „Augenblicke des Verdrusses, in welchem man immer gern vergessen möchte, wie die Welt wirklich ist" (S. 156, Zitate erfolgen nach der Editionen-Ausgabe mit Materialien), seinen „alten theatralischen Versuch" wieder in die Hand genommen habe, um an ihn die „letzte Feile" (ebd.) zu legen. Der Augenblick des Verdrusses ist nicht ungeeignet für dieses Unterfangen, sondern „mitnichten: die Welt, wie ich sie mir denke, ist eine ebenso natürliche Welt, und es mag an der Vorsehung wohl nicht allein liegen, daß sie nicht ebenso wirklich ist" (ebd.).

Der ‚Nathan' selbst entstammt also einem Augenblick, in dem Lessing der defiziente Modus der Wirklichkeit besonders klar vor Augen trat. Der ‚Nathan' ist aber keine Flucht aus dieser Welt in ein Reich der Versöhnung, sondern er ist ganz und gar eben das Widerspiel von Wirklichem und Natürlichem, von dem, was ist, und dem, was sein könnte, wenn der Mensch zu seiner Natur, die als Möglichkeit in ihm schlummert, fände. Der im ‚Nathan' am Ende erreichte Zustand der Menschlichkeit ist keine Fluchtutopie mehr, sondern er wird als ein in sich fragiler Zustand gezeigt. Nathan ist nicht das bürgerliche Humanitäts- und Toleranzdrama, zu dem es kastriert wurde, sondern vielmehr, darin hat Wolfgang Kröger recht, das „Drama einer gefährdeten Utopie". Kröger schreibt: „Die Aufklärung, die in Lessings Arbeiten und in seinem Verhalten zum

Ausdruck kommt, verfügt nicht – wie es Adorno/Horkheimer in ihrer ‚Dialektik der Aufklärung' für alle Aufklärungsphilosophie unterstellen – ‚im Blick des Herrn, im Kommando' über die Geschichte, sondern die Aufklärungshoffnung ist der Geschichte ausgeliefert, und der Aufklärer Lessing versucht deshalb, möglichst viele Menschen auf ihr Richteramt im Streit um die Wahrheit und damit an ihre Möglichkeiten als Subjekte geschichtlichen Handelns und geschichtlicher Verantwortung zu erinnern. [...] Lessing hat im Fragmentenstreit und im ‚Nathan' versucht, humanes aufklärerisches Handeln zu begründen und zu initiieren, ohne über die geschlossene ‚Geschichtstheologie' zu verfügen, die den Weg und das Ende der Geschichte zu wissen behauptet. Wenn heute vielfach nur noch die Alternative zwischen resignativer Passivität und dem geschichts- und menschenverachtenden Systemzwang dogmatischer Weltanschauungen zu bestehen scheint, wird die Art ‚unbefriedigter Aufklärung', die noch immer in Arbeit, im Fortschritt, im Werden ist (so Herder über Lessings Methode), neu lebendig." (Wolfgang Kröger: Lessings ‚Nathan': Drama einer gefährdeten Utopie, in: literatur für leser, Heft 1, 1979, S. 10)

Im ‚Nathan' sind die Menschen nicht Objekte der Geschichte. Sicherlich, es gibt eine göttliche Vorsehung, und der ‚Nathan' ist das Spiel einer solchen Vorsehung, ein Anti-‚Candide'. Aber die Menschen müssen sich als Subjekte ihrer eigenen Geschichte bewähren, denn „die Vereinigung des Getrennten schreitet in dem Maße fort, wie es gelingt, das in der Parabel ausgesprochene Gebot vorurteilsfreier praktischer Frömmigkeit und Nächstenliebe zu verwirklichen. Die verwandtschaftliche Beziehung der Personen ist vorgegeben, aber sie muß innerlich nachvollzogen und angeeignet werden, ehe sie volle

Wirklichkeit gewinnen kann, und der Anstoß dazu geht von einer Gestalt aus, die biologisch in dieses Verwandtschaftsverhältnis nicht hineingehört, sondern durch Geist und Entschluß, die es deshalb auch zu einem geistigen, vom Menschen verantworteten macht: Es ist der Jude Nathan, Rechas Adoptivvater." (Gerhard Kaiser, Geschichte der deutschen Literatur, Bd. 3. Aufklärung, Empfindsamkeit, Sturm und Drang, München [2]1976, S. 133)

Auf zweierlei hin muß folglich die Interpretation des Stückes angelegt sein, wenn sie das Moment der Aktualität gewinnen will, das nötig ist, damit ‚Nathan' nicht zum toten Klassiker verkommt: Die die Geschichte mitgestaltende Kraft menschlicher Subjektivität muß herausgestellt und die Gefährdung und Bedrohung der zu erringenden Humanität müssen deutlich werden. „Humanität verwirklicht sich im ‚Nathan' auf der Bühne, im Theater, also gegen die Realität der Kreuzzüge; das humane Handeln Nathans ist im Drama selbst immer wieder bedroht, hinterfragt, ja partiell nutzlos; die Humanität, die Ergebnis eines bitteren Lernens aus der Geschichte ist, wird durch diese Geschichte der Inhumanität des Krieges grundsätzlich in Frage gestellt. Der mühsam-gefährdete Sieg der Humanität wird zum Hilfeschrei und zur Aufforderung an die Zuschauer, trotz der Übermacht realer Kreuzzugsgeschichte und Bedrohung humanes Handeln zu versuchen." (Wolfgang Kröger: Lessings ‚Nathan der Weise'. Ein toter Klassiker?, München 1980, S. 97)

9./10. Stunde:
Exposition, Figurenkonstellation und Handlungsstränge des ‚Nathan'

Sachinformation

Die Entstehungsgeschichte zum ‚Nathan' soll hier nicht als ‚Einstieg' in die Besprechung des Dramas benutzt werden, da wir für diese Unterrichtseinheit die Einführung über den Mendelssohn-Brief wählen. Dennoch sei zum Fragmentenstreit soviel gesagt: Lessing, angestellt als Bibliothekar beim Herzog von Braunschweig, hatte aus den Schätzen der Wolfenbütteler Bibliothek, die er zu betreuen hatte, die ‚Apologie oder Schutzschrift für die vernünftigen Verehrer Gottes' des Deisten Heinrich Samuel Reimarus ab 1774 kommentiert herausgegeben, ohne aber Reimarus' Name zu nennen. Die Veröffentlichung stieß auf Widerstand insbesondere der orthodoxen Kirche, allen voran ergriff Hauptpastor Goeze die Feder, um gegen Lessing zu Felde zu ziehen. Obwohl Lessing sich deutlich von der Meinung des Reimarus absetzte, galten doch die Angriffe ihm. Und in einer Anmerkung legt Goeze dar, worum es der konservativen Seite eigentlich ging, wenn sie so forciert gegen Lessing Front machte: „Die Fragmente eines Ungenannten, welche der Herr Hofrat Lessing durch den Druck der Welt mitgeteilt, sonderlich das fünfte unter denselben, in welchem der Verfasser die Wahrheit der Auferstehung Christi zu stürzen, und die Apostel als die ärgsten Betrüger und Lügner darzustellen sucht, sind gewiß das ärgste, das man denken kann. Nur derjenige kann Unternehmungen von dieser Art als etwas gleichgültiges ansehen, der die christliche Religion entweder für ein leeres Hirngespinst, oder gar für einen schädlichen Aberglauben hält, und der nicht eingesehen hat, oder nicht

einsehen will, daß die ganze Glückseligkeit der bürgerlichen Verfassung unmittelbar auf derselben beruhe, oder der den Grundsatz hat: ‚Sobald ein Volk sich einig wird, Republik sein zu wollen, so darf es', folglich die biblischen Aussprüche, auf welchen die Rechte der Obrigkeit beruhen, als Irrtümer verwirft." (Zitiert nach dem Editionenband ‚Nathan der Weise', S. 149 f.) Goeze sieht also die Religion und zugleich damit die bürgerliche Verfassung durch Lessing angegriffen, wo Lessing eigentlich nur, ganz im Sinne der Aufklärung, eine theologische Position dem öffentlichen Diskurs überantworten wollte. Goeze sperrt sich zwar nicht ganz gegen eine Diskussion, aber: „Nur müßte solches nicht, ohne besondere wichtige Ursachen, in einer andern Sprache, als in der Sprache der Gelehrten geschehen." (S. 150) So nimmt es nicht wunder, daß am 13. 7. 1778 Lessing ein Kabinettsbefehl des Inhalts erteilt, daß er die Handschrift des Ungenannten „nebst den etwa davon genommenen Abschriften" wieder einzuschicken und er sich „aller fernerern Bekanntmachung dieser Fragmente und anderer ähnlicher Schriften, bei Vermeidung schwerer Ungnade und schärferen Einsehens, gänzlich zu enthalten" habe. (S. 153) Lessing verfällt jedoch nicht aufgrund dieses Zensurerlasses in Resignation, sondern er macht aus der Situation das Beste. Er will „den Theologen einen ärgern Possen spielen, als noch mit zehn Fragmenten" (S. 158), indem er ein einmal früher konzipiertes Schauspiel, „dessen Inhalt eine Art von Analogie mit meinen gegenwärtigen Streitigkeiten hat", zu Ende führt. Damit wendet er sich, mit den Worten an Elise Reimarus, „[s]einer alten Kanzel, dem Theater", wieder zu, also gerade jenem Medium, das die Sprache des gemeinen Mannes sprach und die Chance bot, aus der esoterischen Gelehrtendiskussion auszubrechen und ein Forum der Öffentlichkeit zu gewinnen, das die Zensur ihm nicht genommen hatte.

Diese kurzgefaßte Rekapitulation der Entstehungsgeschichte des ‚Nathan' soll genügen. Wir wollen uns dem Stück von einer anderen Seite nähern, der Exposition im weitgefaßten Sinne, die auch die ersten Informationen miteinschließt, nämlich Titel, Untertitel, Motto, Personenverzeichnis, Orts- und Zeitangabe, die auch für den Zuschauer Erstinformationen sind und damit in einer nicht zu unterschätzenden Weise rezeptionslenkend auf den Leser/Zuschauer wirken können.
Schon der Titel hat die Aufgabe, in bestimmter Weise das Zuschauerinteresse zu lenken. Er verweist auf die Hauptfigur des Stückes, lenkt somit das Zuschauerinteresse im vorhinein. Hauptfigur ist – das zeigt der Name an – ein Jude, ungewöhnlich für das Theater des 18. Jahrhunderts; noch ungewöhnlicher ist, daß dieser Jude auch noch ein „Weiser" genannt wird.
Wie der Titel den damaligen Zuschauer verstören konnte, so tut es auch der Untertitel: „ein dramatisches Gedicht in fünf Aufzügen". Weniger ist es die Unterteilung in fünf Akte, eher die von der Norm abweichende Angabe der gewählten Gattung. Der Zuschauer erwartet der Tradition entsprechend ‚eine Tragödie', ‚ein bürgerliches Trauerspiel', ‚ein Lustspiel' oder – neutraler – ‚ein Schauspiel'. Gerade aber das Neuartige der dramatischen Form kündigt Lessing mit dem ersten Teil des Untertitels an ‚ein dramatisches Gedicht'. Die Innovation zeigt sich in dem Mischungsverhältnis des ‚Nathan', denn er ist vieles zugleich: Die familiäre Konstellation hat er mit dem bürgerlichen Trauerspiel und Rührstück gemeinsam. Damit verträgt sich nun aber gar nicht, daß Lessing innerhalb dieses Rahmens wieder versifizierte, gebundene Sprache wählt, hatte doch gerade das bürgerliche Trauer-

spiel im Gegensatz zur klassizistischen Alexandrinertragödie den Weg für die Prosasprache auf der Bühne freigekämpft. Und daß sich Lessing nicht für ‚Trauerspiel' oder ‚Lustspiel' entscheiden kann, zeigt an, daß er nicht mehr fein säuberlich beide dramatischen Gattungen getrennt wissen will, sondern der ‚Nathan' beides in sich vereinigt: Komisches und Tragisches. „Vorwärtstreibende, auf einen ‚guten Schluß' zielende Elemente wechseln fortlaufend mit retardierenden Momenten, die düster Bedrohliches ins Spiel bringen" (W. Kröger, Nathan der Weise. Ein toter Klassiker, a.a.O., S. 27).
Wie Titel und Untertitel richtungsweisend sind, zugleich aber auch wieder verrätseln und dadurch Spannung erzeugen, läßt auch das Motto, das übersetzt heißt: ‚Tretet ein, denn auch hier sind Götter', Fragen offen. Was ist mit dem ‚hier' gemeint? Wie zeigen sich hier die Götter? Welche Götter zeigen sich? Sollte mit ‚hier' der Theaterraum gemeint sein, die dramatische Handlung, die von den Göttern gelenkt wird oder in der sich göttliche Vorsehung erkennen läßt? Mehr als Vermutungen kann der Leser, der das Motto zur Kenntnis genommen hat, nicht anstellen.
Bei einem Blick in das Personenverzeichnis schließlich fällt zweierlei ins Auge: die Gestalten lassen sich schon nach ihrer jeweiligen Religionszugehörigkeit gruppieren: ein Jude steht einer Gruppe von Muselmanen (Saladin, Sittah, Derwisch) und Christen (Patriarch, Tempelherr, Recha, Daja, Klosterbruder) gegenüber. „Die Szene ist in Jerusalem" zur Zeit der Kreuzzüge, eine Information, die man den Namen Saladin und Tempelherr entnehmen kann. Orts- und Zeitwahl werden von Lessing selbst begründet, wenn er in seiner Bruchstück gebliebenen Abhandlung zum ‚Nathan' folgendes zu seiner Wahl schreibt: „Daß der Nachtheil, wel-

chen geoffenbarete Religionen dem menschlichen Geschlechte bringen, zu keiner Zeit einem vernünftigen Manne müsse auffallender gewesen seyn, als zu den Zeiten der Kreuzzüge." (S. 155) Einem geschulten Auge fällt jedoch am Personenregister des weiteren auf, daß Lessing hier Personen niedrigen Standes (Klosterbruder, Derwisch [mohammedanischer Bettelmönch], Daja [Gesellschafterin]) und solche hohen Standes zusammenführt, ja sogar mit dem reichen Juden Nathan als dem Repräsentanten des Bürgertums und Saladin als absolutem Herrscher eine brisante, höchst aktuelle Konstellation von Adel und Bürgertum schafft. Trotz der Verlagerung des Ortes in den Orient und des zeitlichen Fernrückens ins Mittelalter scheint doch durch diese zweifache Distanzierung etwas von der Aktualität des im Stück Verhandelten für das 18. Jahrhundert hindurch.

Schließlich sind es noch die Verwandtschaftsbezeichnungen oder Angaben ähnlicher Art wie bei Recha „angenommene Tochter" Nathans, die aufmerken lassen, wenn sie auch aus dem Rahmen des im 18. Jahrhundert Üblichen nicht so sehr herausfallen. Aber gerade um die Offenlegung von Verwandtschaften geht es im ‚Nathan'. Die Aufdeckung, daß Recha und der Tempelherr Geschwister sind und der Tempelherr Neffe Saladins, der Sohn von dessen Bruder Assam, ist, bildet einen Hauptstrang der Handlungsführung, so daß der ‚Nathan' weitgehend analytische Züge enthält. Andere Handlungsstränge, die sich mit diesem verflechten und die auch untereinander so manche Verbindung noch eingehen, sind:
- die Liebeshandlung zwischen Recha und dem Tempelherrn;
- der Versuch des Patriarchen, den Tempelherrn als Werkzeug für sich zu gewinnen (dieser Handlungsstrang erinnert an die im Drama des 18. Jahrhun-

derts häufig anzutreffende Intrigenhandlung);
- die Geldnot Saladins und der Versuch, Nathan als Geldleiher zu gewinnen;
- Dajas Versuch, Recha zu ‚christianisieren'.

Unterrichtsverlauf

Phase 1:
Titel als hermeneutische Disposition

Die ersten beiden Stunden zum ‚Nathan' sind so angelegt, daß zunächst über das Werk als Ganzes überblickshaft gesprochen werden soll, womit auch dem Unterrichtenden eine Möglichkeit eingeräumt wird, den Kenntnisstand der Schüler bezüglich der Lektüre zu überprüfen. Um jedoch das Gespräch zu lenken und es zu strukturieren, scheint es ratsam, konkret von Titel, Untertitel, dem Personenverzeichnis und der Exposition des Stückes in I, 1–3 auszugehen, so daß gleichzeitig mit dem Einstieg in die Besprechung des Dramas der Schüler die Möglichkeit gewinnt, ganz allgemein und auf andere Texte übertragbar zu sehen, wie bereits durch Titelei und erste Informationen im Sinne einer hermeneutischen Disposition die Aufnahme eines Textes gelenkt wird. Da jedoch dieser Gesichtspunkt für die Schüler zunächst neu sein dürfte, stellen wir an den Anfang der Besprechung eine vorbereitende Partnerarbeit, in der die Schüler Werktitel auf ihre Leistung hin untersuchen sollen. Dabei kann auf bereits im Deutschunterricht gelesene Lektüren, aber auch auf Fernsehsendungen, Filmtitel oder ähnliches als Beispiel rekurriert werden. Titel können unterschiedliche Aufgaben erfüllen: sie lenken auf die Hauptfigur die Aufmerksamkeit (‚Wilhelm Tell'/‚Die Weber'), benennen Dingsymbole (‚Die Judenbuche'), leiten ein ironisches Spiel mit bestimmten Zuschauererwartungen ein, die dann falsifiziert werden (‚Romulus der Große‘), legen Aufbaugesetzmäßigkeiten offen (‚Der Reigen‘) oder weisen ein Werk als Teil einer Serienproduktion aus (‚Der Kommissar‘) oder stellen schließlich ein Werk in eine bestimmte Werktradition (‚Romeo und Julia auf dem Dorfe‘) – um nur einige Funktionen zu nennen.

Phase 2:
Titel und Untertitel des ‚Nathan‘

Nach der Auswertung der Partnerarbeit kann man deren Ergebnisse auf den Titel des ‚Nathan‘ beziehen, wobei man allerdings den Erwartungshorizont der Zuschauer des 18. Jahrhunderts rekonstruieren muß, was jedoch bezüglich der Stellung der Juden in Deutschland durch die Schlußabschnitte des Mendelssohn-Briefes ausreichend vorbereitet sein dürfte. Lessing stellt mit seinem ‚Nathan‘, abweichend von der das Theater bis dahin beherrschenden Shylock-Tradition, einen weisen Juden auf die Bühne. Zuvor formte die Shakespearsche Gestalt aus dem ‚Kaufmann von Venedig‘ das Judenbild mit: Shylock, ein jüdischer Wucherer, verlieh Geld und erhob dafür Anspruch auf ein Pfund Fleisch aus dem Körper des verschuldeten Kaufmanns.

Was für den Titel gilt, gilt in gleicher Weise für den Untertitel, steht doch auch er quer zur Tradition, weil der zeitgenössische Zuschauer hier Gattungsangaben wie ‚bürgerliches Trauerspiel‘, ‚Lust‘- oder ‚Trauerspiel‘ gewohnt war. Man sollte mit der Besprechung des die Zuschauererwartungen verfremdenden, eine Innovation ankündigenden Untertitels die Frage verbinden, ob nicht auch die Bezeichnung ‚Trauer‘- oder ‚Lustspiel‘ für den ‚Nathan‘ möglich gewesen wäre, denn das Stück enthält durchaus komische wie tragische Momente. Sie könnten von den Schülern in einem Vorgriff auf das ganze Stück nunmehr in einer Diskussion zusammengetragen werden.

Phase 3:
Der Blankvers

Es bedarf wohl des Hinweises seitens des Unterrichtenden, daß die Bezeichnung ‚dramatisches Gedicht‘ ein Wink des Autors auf seine Innovation ist: Lessing betritt mit dem ‚Nathan‘ und dem in ihm verwandten Blankvers poetisches Neuland innerhalb der Entwicklung der Dramensprache, was nicht ohne Folgen bleiben wird, bedienen sich doch das klassische Drama Goethes und Schillers und noch die Dramatiker des 19. Jahrhunderts bis zum Naturalismus häufig dieses Metrums. Der Siegeszug des Blankverses begann, nachdem sich erst seit wenigen Jahrzehnten die natürliche Prosasprache auf der Bühne durchgesetzt hatte, damit den bis dahin vorherrschenden Alexandriner des Barock- und klassizistischen Dramas ablösend. Bevor jedoch von den Schülern über die Funktion des Verses im Drama Vermutungen geäußert werden sollen (ästhetische Differenzqualität, Vereinheitlichung des Sprechens usw.), sollen die Schüler die metrische Bestimmung einiger unterschiedlicher Textpassagen aus dem ‚Nathan‘ zur Übung vornehmen (s. Stundenblatt). Schließlich kann man, wenn zur Hand, die Schallplattenaufzeichnung einer ‚Nathan‘-Inszenierung an dieser Stelle einspielen, um zu demonstrieren, wie z. B. in der Stroux-Inszenierung ein Weg gefunden wird, den Blankvers äußerst geschmeidig zu halten, so daß er zwar hörbar wird, aber dennoch nicht die ‚Natürlichkeit‘ des Sprechens zerstört.

Phase 4:
Das Personenverzeichnis

Sind nunmehr alle Titel und Untertitel ausgewertet, wird man sich unter Vernachlässigung des Mottos, dessen Interpretation an dieser Stelle verfrüht sein dürfte, dem Personenregister und den ihm entnehmbaren Informationen zuwenden können. Obwohl Nathan Mittelpunktsfigur ist, wird er, der reiche Kaufmann, ganz der Tradition entsprechend, erst nach den sozial höherstehenden Saladin und Sittah genannt. Im Personenverzeichnis scheint die für Lessing zeitgenössische soziale Hierarchie durch. Es verweist ebenso auf die drei Religionen und kehrt die Verwandtschaftsbeziehungen heraus. Schließlich wird auch über den Spielort (Jerusalem) und die dargestellte Zeit (Augenblick des Waffenstillstandes) zu sprechen sein, wird doch Jerusalem zum Zentrum der Welt (s. auch S. 83, Z. 15f.), die Zeit des Waffenstillstandes zu einem Augenblick, in dem die Waffen schweigen und im Gespräch die Verständigung gesucht werden kann (s. Materialien, S. 155, Z. 20–30).

Phase 5:
Handlungsstränge im ‚Nathan'

Orts- und Zeitangabe zeigen, daß Lessing weitgehend die Einheiten der Zeit und des Ortes eingehalten hat – wie es das klassizistische Drama gebot. Darauf weist der Unterrichtende hin, wenn es den Schülern nicht bekannt ist. Mit dem Hinweis auf die ebenfalls geforderte Einheit der Handlung wäre die Brücke zum nächsten Unterrichtsschritt zu schlagen. Im fragend-entwickelnden Gespräch sind die wesentlichen Handlungsstränge des ‚Nathan' auszumachen, und es ist nach deren Zentrum zu suchen. Die Einheit mag in der Aufdeckung der Verwandtschaftsbe-

ziehungen (analytische Dramentechnik) oder auch in der Erziehungstätigkeit Nathans gesehen werden – in beiden Fällen bleibt Nathan die Mittelpunktsfigur.

Phase 6:
Rekonstruktion der Vorgeschichte

Zur Vorgeschichte des ‚Nathan' gehören die verwandtschaftlichen Beziehungen, Nathans Hiob-Erlebnis, aber auch die noch nicht vor dem Dramenbeginn so weit zurückreichenden Geschehnisse wie die Begnadigung des Tempelherrn, der Hausbrand, die Rettung Rechas durch den Tempelherrn, deren aufkeimende Liebe, Saladins Geldmangel und umgekehrt Nathans erfolgreiche Reise. Eine Analyse der ersten drei Szenen unter diesem expositorischen Aspekt sollen die Schüler in einer kurzen Stillarbeit machen. Während die Erzieherfigur in den nächsten Unterrichtsstunden ins Zentrum gerückt wird, soll sich der zweite Teil dieses Unterrichtsschrittes nochmals die Aufdeckung der Verwandtschaftsbeziehungen zum Thema machen. Die Schüler sind dazu anzuhalten, in Partnerarbeit eine Skizze zu entwerfen, der – was aus dem Text zu rekonstruieren nicht einfach ist – zu entnehmen ist, inwiefern Recha und der Tempelherr Geschwister sind. Eine entsprechende Skizze findet sich auf dem losen Stundenblatt als Vorschlag.

Hausaufgabe:

Die Schüler sollten zur Vorbereitung nochmals folgende Szenen aus dem ‚Nathan' lesen: I 1, 2, 5; II 5; III 10; IV 2, 6, 8.

11./12. Stunde: ,Nathan' und das Problem der Verständigung

Sachinformation

Lessings Drama ist Erziehungsdrama. Alle Hauptfiguren sind am Ende des Dramas andere geworden als sie zu Anfang waren. Saladin und Sittah, der Tempelherr und Recha haben sich geändert, nur *Nathan* hat keine Wandlung mehr durchgemacht. Nicht, daß er sich nicht entwickelt hätte, aber sein wesentlicher Entwicklungsschritt liegt in der Vergangenheit, ist Teil der Vorgeschichte. Als seine Familie von Christen niedergemetzelt wird und er – gleich Hiob – an Gott zweifelt, sich dann aber ganz wieder Gott übergibt („Ich stand! und rief zu Gott: ich will! Willst du nur, daß ich will?", S. 110/15f.), hat er jene Identitätskrise durchlitten, die in mehr oder weniger gravierender Form auch von Recha, Saladin und dem Tempelherrn durchschritten wird. Die Erziehung der Gestalten verbindet sich nämlich in allen Fällen mit einer solchen Erschütterung ihrer Identität, und es ist Nathan, der sie vor allem durch das aufklärende Gespräch wieder zu sich finden läßt und heilt. Nathans Erziehung ist also nicht doktrinär, er drängt den Gestalten nicht seine Ansichten auf, er ist Pädagoge in dem Sinne, daß er den Menschen seiner nächsten Umgebung bewußt werden läßt, was sie ihrer Anlage nach schon sind. Er erreicht dies durch die ihn als Pädagogen so auszeichnende Fähigkeit, Gespräche zu führen. Er ist – wie es Eibl nennt – „Verständigungsregisseur" (Identitätskrise und Diskurs. Zur thematischen Kontinuität von Lessings Dramatik, in: Jahrbuch der Deutschen Schillergesellschaft, XXI [1977], S. 186). Aber die Bezeichnung des ,Nathan' als

eines Erziehungsdramas soll nicht darüber hinwegtäuschen, daß der erzieherische Optimismus durchaus gebrochen ist, denkt man an solche Gestalten wie Daja, den Patriarchen, und selbst die Erziehung des Tempelherrn oder Rechas verläuft nicht, ohne daß beide für Augenblicke rückfällig werden.

Lessing setzt zunächst die Möglichkeit der Verständigung als sicher voraus. Störungen der Verständigung werden durch Vorurteile verursacht, sie entstehen dort, wo das Vorurteil an die Stelle einer unbefangenen ,natürlichen' Sehweise getreten ist, die „das in der wahren Natur des Menschen begründete Verhalten des Menschen, dem die Freundschaft zugeordnet ist, kennzeichnet. Konflikte entstehen, wo diese ,Stimme der Natur' verfälscht wird; das geschieht durch Religion, durch Ideologien, durch Institutionen, die daraus hervorgehen. Konflikte beruhen auf Fehleinschätzungen, auf Mißverständnissen, auf Verblendungen, auf Trübungen der Erkenntnisfähigkeit; man könnte auch sagen: auf ideologiebefangenem Denken, sofern man darunter jenes Denken versteht, das die Vernunft mißachtet. Vernunft aber gilt als ihrem Wesen nach universal. Konfliktlösung ist durch rationale Argumentation allein nicht möglich; sie findet im Dialog statt, die Verständigungsmöglichkeit wird vorausgesetzt als Folge der Allgemeinheit der Vernunft. Die Bereitschaft, vernünftige Argumente zu akzeptieren, entsteht aber erst dort, wo der moralische Widerstand gebrochen ist; das geschieht über das Gefühl. Die Argumentation hat die Aufgabe einer nachträglichen Sicherung der erreichten Übereinstimmung; ihr entspricht ein Handeln, das sich von der Einsicht in die Gültigkeit/Realisierbarkeit der wahren/natürlichen Form menschlichen Zusammenlebens leiten läßt; das so tut, als sei die wahre Natur nur verstellt. Freundschaft kennzeichnet die natürliche Form des Zusammenlebens. Die Vernunft ist mit der wahren Natur identisch." (Josef Schnell: Dramatische Struktur und soziales Handeln. Didaktische Überlegungen zur Lektüre von Lessings ‚Nathan der Weise‘, in: Der Deutschunterricht 28 (1976), H 2, S. 49).

Charakterisieren wir nach dieser Vorgabe die einzelnen Gestalten des Dramas, ergibt sich folgendes Bild:
Der Patriarch verkörpert das Gegenprinzip einer dialogisch-entwicklungsfähigen Existenz. Lessing läßt es zu keiner Begegnung zwischen Nathan und dem kirchlichen höchsten Würdenträger kommen. Dieser agiert aus dem Hintergrund, sein Mittel ist List. Auch Nathan weiß, die List zu gebrauchen, aber er verletzt dabei nie die Menschlichkeit, er degradiert nicht den Menschen zum Werkzeug. Der „Erzvater", so die Übersetzung des Ehrentitels, den der Bischof von Jerusalem tragen darf, handelt ganz dieser Bezeichnung widersprechend, verfehlt seinen eigentlichen Auftrag. Nur die Handlungsweise seines Klosterbruders und das Bewußtsein der wiedergewonnenen eigenen Autonomie jener ihn zuweilen umgebenden Figuren lassen seine Intrigen unschädlich werden. Ironie, Satire und das Schemenhafte, mit dem Lessing seine Figur gestaltet, nehmen ihr als Karikatur zwar etwas von ihrer Gefährlichkeit. Am Ende des Dramas ist der Patriarch ausgeschaltet. Ein solcher Sieg muß nicht endgültig sein. Er bedroht auch weiterhin die Utopie, ist ihr sie immer wieder gefährdendes Gegenspiel.
Der Patriarch ist der Orthodoxe (Goeze soll sich in dieser Gestalt wiederfinden), der Herrschsüchtige, der in höchstem Maße Intolerante, dem menschliches Leben nichts bedeutet (siehe die stereotype Antwort „Der Jude wird verbrannt"). Er

orientiert sich an der leblosen Doxa, den Lehrmeinungen, die sich als totes System von der Realität abgewandt und sich ihr gegenüber immunisiert haben, so daß das System keine neuen Erfahrungen mehr zuläßt. Sein Begriff der Vernunft ist pervertiert: „Ei freilich muß niemand die Vernunft, die Gott ihm gab, zu brauchen unterlassen, – wo sie hin gehört." (S. 90, 28 ff.) Er verbietet, „die Willkür des, Der die Vernunft erschaffen, nach Vernunft zu untersuchen" (s. S. 90, 39 f.), also die Frage, wie wir sie aus der ‚Minna von Barnhelm‘ kennen, nach der ‚Vernünftigkeit der Vernunft‘ zu stellen. Indem der Patriarch ein despotisches Gottesbild verbreitet und die wichtige Frage nach dem Verhältnis von Vernunft und Wirklichkeit und nach den Bedingungen und den Grenzen der Vernunft abwürgt, also aus dem Diskurs autoritär austritt, pervertiert er die Vernunft und läßt eine auf den Diskurs notwendig hin angelegte Gesellschaft erstarren. Er stabilisiert damit und mit seinem Gottesbild Herrschaftsinteressen, die nicht weiter hinterfragt werden dürfen: „wie Gefährlich selber für den Staat es ist, Nichts glauben! Alle bürgerlichen Bande Sind aufgelöst, sind zerrissen, wenn der Mensch nichts glauben darf." (s. S. 93, 32 ff.) Der Patriarch weist somit indirekt auf die Verquickung religiöser und politischer Interessen hin, und wie er den religiösen Diskurs verbieten will, nimmt er auch dem Theater seine Funktion als gesellschaftlich wichtiges kritisches Forum, wenn er den Fall Rechas zur „theatralischen Schnurre" (s. S. 92, 5) herabwürdigt. Goeze, der Lessing auf das Theater abgedrängt hatte, muß sich nun durch das Theater in seiner Hohlheit und Lächerlichkeit wiedererkennen.
Nathan, der selbst einen Saladin für sich gewinnen kann, scheitert aber schon an seiner eigenen Haushälterin Daja. Sie entzieht sich seinem Einfluß, ist ganz ausge-

richtet auf ihre Sehnsucht nach Europa und ihren Missionseifer, der sie gegen Nathan intrigieren läßt, wenn es darum geht, Recha mit dem Tempelherrn zu verkuppeln, damit so eine Rückkehr beider Christen nach Europa möglich ist und Daja sich ihnen anschließen kann. Daja offenbart wider Nathans Gebot dem Tempelherrn Rechas Christsein, sie zeigt Recha, wer sie ist (IV 8) und stürzt Recha dadurch in eine schwere innere Krise.

Daja ist Schwärmerin, die ihre Schwärmereien nicht durch die Vernunft reguliert und kontrolliert; sie lernt im Gegensatz zu Recha nicht durch Nathan hinzu, bleibt auch am Ende die, die sie gewesen ist, darum nimmt sie an der allseitigen Umarmung nicht teil. Recha stellt bedauernd fest: „Ach! die arme Frau – ich sag' dir's ja – Ist eine Christin; (...) Ist eine von den Schwärmerinnen, die Den allgemeinen, einzig wahren Weg Nach Gott zu wissen wähnen!" (S. 129, 26ff.) Daja ist nicht bereit, ihr vorurteilsbehaftetes Wissen und damit auch sich selbst in Frage zu stellen. Sie bleibt borniert, egoistisch, entfremdet sich durch ihre Schwärmerei der Realität und ist damit eigentlich genau so gefährlich wie der Patriarch, nur daß ihre Macht eingeschränkter und gemildert ist durch ihre Fähigkeit zum Mitleid und zur Menschenliebe. So bleibt sie auch für Recha stets die „gute böse Daja" (S. 129, 6). Darum verdient sie auch Lessings humorvolle Zeichnung. Sie entstammt dem traditionellen Dienerpersonal der Komödie des 18. Jahrhunderts und ist mit ihrer Unduldsamkeit, Bekehrungssucht und ihrem naiven Egoismus eine solche Komödienfigur geblieben.

Recha, die Jüngere, teilt zunächst mit Daja den Wunderglauben. Auch sie ist Schwärmerin und erinnert – dies ihr aktueller Bezug – an pietistische Religiosität bzw. an Gestalten der Empfindsamkeit. Welche „Arznei" (S. 15, 12) verabreicht Nathan in I, 2 seiner angenommenen Tochter? Er erkennt, nachdem ihm Daja erzählt hat, was sich nach der Rettung Rechas aus den Flammen zutrug, daß sich in Recha Kopf und Herz zanken (s. S. 8, 20ff.), Schwermut und Menschenhaß sich in ihr widerstreiten, so daß sie nun die Ausflucht in der Schwärmerei sucht „und die Phantasie, Die in den Streit sich mengt, macht Schwärmer" (ebd., 22f.). Nathans Leistung ist es, jene Harmonie von Kopf, Herz und Phantasie in Recha wiederherzustellen, die nötig ist, human zu handeln: „Begreifst du aber, Wie viel andächtig schwärmen leichter, als Gut handeln ist?" (S. 15, 17ff.). Verstand (Kopf), Gefühl (Herz) und Einbildungskraft sollen sich nützlich erweisen im Irdischen, im Alltäglichen. „Der Wunder höchstes ist, Daß uns die wahren, echten Wunder so Alltäglich werden können, werden sollen" (S. 11, 7ff.). So korrigiert Nathan Rechas und Dajas Wunderglauben, der fälschlicherweise das allgemeine Wunder zugunsten des Ungewöhnlichsten und Neuesten (s. ebd., 10ff.) verkennt.

Den wichtigsten Schritt in ihrer Entwicklung vollzieht jedoch Recha, nachdem ihr Daja offenbart hat, daß sie nicht Nathans leibliche Tochter ist. Sie ist erschüttert: „Gott! Gott! Er nicht mein Vater" (S. 131, 6), fragt sich aber dann selbst, ob „denn nur das Blut den Vater" (S. 131, 35f.) mache, und ist schließlich bereit, nachdem Saladin sie in ihrer Ansicht bestärkt hat, daß „das Blut allein lange noch den Vater nicht ausmache" (S. 132, 12f.), Nathan als ihren über das rein Zufällige hinausweisenden ‚geistigen' Vater anzuerkennen, ja auch Saladin als ihren Vater anzuerkennen (S. 139, 17ff.). Indem sie sich damit zu drei Vätern bekennt (schließt man ihren eigentlichen Vater, den Bruder Saladins, mit ein), bekennt sie sich zugleich zu drei Traditionssträngen, nämlich dem Christentum, dem Judentum und dem Islam als jenem geistigen Nährboden, aus dem sie erwuchs. Sie ist fähig, „jedes Glaubens Zierde" zu werden (S. 111, 16).

Muß sich Recha am Ende in ihrer Herkunft hinterfragen und zugleich neu definieren, gilt dies auch für den Sultan. Ihn lehrt Nathan, sich in seiner Rolle als Despot neu zu sehen, hatte er doch Nathan, den Bürger, in absolutistischer Manier zu sich gefordert und ihm eine Falle gestellt. Nathan entzieht sich dieser Falle. Er stürzt sogar Saladin in eine Krise seines Selbstbewußtseins: „Ich Staub? Ich Nichts?" (S. 74, 36) Und erst aus dieser Erfahrung eines erschütterten Selbstbewußtseins geht Saladin als Freund Nathans hervor, die Standesgrenzen sind überwunden.

Unterrichtsverlauf

Phase 1:
Dialog im ‚Nathan'

Um die Priorität des Dialogischen im ‚Nathan' herauszuarbeiten, bitten wir die Schüler zuerst, in einer kurz zu haltenden Stillarbeitsphase nochmals im flüchtigen Überblick die Regieanweisungen zur Kenntnis zu nehmen. Sie sollen quantitativ in Relation zum Haupttext bestimmt werden und es sollen einige typische Beispiele herausgegriffen werden, an denen man gut ablesen kann, welche Aufgaben im ‚Nathan' der Nebentext erfüllt. Die Ergebnisse der Stillarbeit sind dann in einem Gespräch dahingehend auszuwerten, daß der geringe Anteil, den die Anweisungen im ‚Nathan' ausmachen, kennzeichnend ist für die Handlungsarmut, wenn man unter Handlung – so werden es die Schüler nennen – ‚action' versteht. Die Handlung ist im ‚Nathan' auf die Rede als wirkend-bewirkter Rede hin verlagert. (Dieses Spezifikum des ‚Nathan' wird den Schülern besonders deutlich, wenn man sie einen Vergleich mit anderen gelesenen Dramen ziehen läßt, wo der Anteil der Regieanweisungen wesentlich größer war.)

Schließlich wird man in einem weiteren Schritt zu fragen haben, welcher Art die den ‚Nathan' beherrschenden Gespräche sind. Dabei kann vom Unterrichtenden vielleicht vorgegeben werden, daß man versuchsweise zwischen sogenannten ‚glückenden' bzw. ‚mißglückenden' Gesprächen unterscheiden kann, wobei unter einer glückenden Kommunikation zu verstehen ist, daß durch ein Gespräch eine Verständigung zwischen zwei gleichberechtigten Gesprächspartnern erreicht wird. Die Schüler wären nun zu bitten, innerhalb des ‚Nathan' solche glückenden bzw. mißglückenden Gesprächsabläufe zu bestimmen.

Es dürfte deutlich sein, daß sich eine Verständigung zwischen Nathan/Recha, Nathan/Saladin und Nathan/Tempelherr herstellt, wohingegen diese Übereinkunft zwischen Nathan/Daja und Tempelherr/Patriarch ausbleibt, d.h., das dialogische Prinzip beherrscht zwar das Stück, aber es scheinen auch seine Grenzen dort auf, wo man nicht bereit ist, sich in Frage stellen zu lassen und mit dem anderen nach Verständigung zu suchen.

Nachdem somit noch sehr allgemein die Funktion des Gesprächs im ‚Nathan' bestimmt wurde, gilt es in der folgenden Phase, die vorläufigen Ergebnisse durch einige Gesprächsanalysen zu konkretisieren.

Phase 2:
Analyse einzelner Dialoge

Wir schlagen die Bildung von vier Gruppen vor. Jede dieser Gruppen analysiert eine Person auf ihr Gesprächsverhalten oder den Verlauf eines bestimmten Gesprächs hin.

Gruppe 1 und 2 untersuchen die Textstellen über den Patriarchen (I 5; IV 2) und Daja (I 1/2; III 10; IV 6/8).

Aus der ersten Arbeitsgruppe wären folgende Ergebnisse zu erwarten: Der Patriarch ist hinterlistig und hinterhältig. Er läßt aushorchen (s. Gespräch zwischen Klosterbruder und Tempelherrn, I, 5) und vermeidet, über seine Ziele offen zu sprechen. Er verlangt, daß sein Rat „blindlings" (S. 90, 27) angenommen wird. Gewalt, die die Kirche Kindern antut, will er nicht sehen bzw. hält sie für gerechtfertigt. Hinter dem Prunk seines Ornats verbirgt er sich als Person, versucht so, seinen Gesprächspartner zu beeindrucken und gleichzeitig einzuschüchtern. Eine Kommunikation gleichwertiger Gesprächspartner ist von ihm nicht gewollt und mit ihm nicht möglich. Seine Ansichten sind starr, dogmatisch, er verfällt leicht in inhaltsleere Floskeln („Daß so ein frommer Ritter lange noch / Der lieben Christenheit, der Sache Gottes / Zu Ehr und Frommen blühn und grünen möge!", S. 90, 15ff.) und versteigt sich zuweilen zu absurden Formulierungen, die anzeigen, wie sehr ihn sein Glaubensfanatismus, der aber nur zur Verschleierung seiner machtpolitischen Interessen dient, realitätsblind gemacht hat (z. B. „Ja, der Jud' wär' allein Schon dieserwegen wert, dreimal verbrannt Zu werden", S. 93, Z. 11ff.). Der Patriarch ist in seinem Gesprächsstil das genaue Gegenteil zu Nathan. Während Nathan auf Vernunft und Erfahrung setzt, ist der Patriarch deren Verächter (s. „die stolze menschliche Vernunft", S. 91, 35), dieser sät Mißtrauen, wo jener auf einer gegenseitigen Vertrauensbasis seine Gespräche führt, in denen es ihm um Wahrhaftigkeit geht. Das Gespräch mit dem Patriarchen kann nicht glücken, denn er verfolgt starr seine Interessen, so daß man letztlich aneinander vorbeiredet.

Die Daja-Gruppe kann ihren Ausgang von Rechas Fremdcharakterisierung ihrer Gesellschafterin, sie sei eine „gute böse Daja" (S. 129, 6), nehmen und dann – so unser Vorschlag – die Unterhaltung Dajas in den Auftritten I, 1 und 2; III, 10 und IV, 6 und 8 berücksichtigen.

Aus der zweiten Arbeitsgruppe wären folgende Ergebnisse zu erwarten: Daja ist eine in sich widersprüchliche Gestalt, so daß Recha mit Recht von ihrer „guten bösen Daja" spricht, denn einerseits vermag sie Recha all das an Mütterlichkeit zu geben, was diese an mütterlicher Zuwendung entbehren mußte, andererseits ist sie eine verstiegene Schwärmerin, die mit missionarischem Eifer versucht zu bekehren. Sie lebt in einer kleinen engen Welt, ist naiv und oberflächlich, geschwätzig und leicht bestechlich. Um ihre Ziele durchzusetzen verschmäht sie nicht die Intrige, aber ihre Intrigen sind nicht so gefährlich wie die des Patriarchen, denn sie, die „arme Frau", muß „aus Liebe quälen; – Ist eine von den Schwärmerinnen, die Den allgemeinen, einzig wahren Weg Nach Gott, zu wissen wähnen" (S. 129, 26ff.). Daja macht es sich nicht leicht, Recha ihre christliche Herkunft zu eröffnen. Sie „kämpft mit sich" (S. 130, 22), zeigt „wahres Mitleid" (ebd. 37), und Recha weiß auch Dajas Verhalten so zu interpretieren, daß sie darin Dajas große Liebe zu ihr erkennt, die – gebannt durch ihren christlichen Glauben – „den Gedanken nicht ertragen kann" (S. 130, 10), Recha um das ewige Heil gebracht zu sehen. Genau das ist aber auch Dajas Fehler, der immer wieder Gespräche mit ihr scheitern läßt, daß sie, die naive Schwärmerin, nicht in der Lage ist, ihre Position in Frage zu stellen, auf den anderen zu hören. Das macht sie dem Patriarchen vergleichbar, aber ihre Gefährlichkeit wird gemildert durch ihre ungebrochene Naivität und Menschenliebe, während die Intoleranz des Patriarchen sich mit tiefster Menschenverachtung paart.

Zwei weitere Gruppen sollen sich der zentralen Gespräche Nathan – Recha (I, 2) und Nathan – Tempelherr (II, 5) annehmen, in denen durch Nathans geschickte Gesprächsführung das Vorurteil zugunsten einer neuen Einstellung abgebaut. Beide Gespräche wären demnach unter dem Aspekt zu analysieren, wie Nathan jeweils das Gespräch führt und wie argumentiert wird.

Aus der dritten Arbeitsgruppe wären folgende Ergebnisse zu erwarten: Im Gespräch zwischen Nathan und Recha (I, 2) fungiert Nathan als Pädagoge und Arzt. Er selbst will Recha „heilen" (S. 9, 18), will, daß der „süße Wahn der süßern Wahrheit Platz macht" (S. 9, 13 f.). Mit liebenswürdigem Spott und nicht verletzender Ironie „zersprengt" er Rechas – wie Daja bemerkt – „überspanntes Hirn" (S. 11, 16). Gerade indem er Wert auf „Subtilitäten" legt, wie Daja es abfällig nennt (S. 11, 17), bringt er Recha wieder auf den rechten Weg, denn er scheidet scharfsinnig zwischen jenen stündlich von Gott bewirkten, wahren, echten, weil alltäglich gewordenen Wundern (s. S. 10, 38 und S. 11, 8 ff.) und jenem Ungewöhnlichsten und Neusten, das gaffenden „Kindern bloß so heißen müßte" (S. 11, 12). Nathan bedient sich in dem Gespräch der Strategie, daß er Recha sich an ihrem eigenen Fehler, der Schwärmerei, kurieren läßt, indem er nämlich Recha durch eine von seiner Seite aus für einen Moment stimulierte Schwärmerei die Konsequenz erkennen läßt, daß solche Schwärmerei letztlich viel leichter ist als gut handeln (S. 15, 18 f.). Nathans Sprechen ist unaufdringliches Erziehen, das dem zu Erziehenden, hier Recha, sein Fehlverhalten einsichtig macht, indem er auf die Ursachen verwiesen wird, die das jeweilige Verhalten bedingen. So macht Nathan im Bild vom Topf klar, daß Rechas Wunderglaube nur auf Stolz basierte.

Aus der vierten Arbeitsgruppe wären folgende Ergebnisse zu erwarten: dieses Gespräch gelingt, weil Nathan es versteht, sich geschickt auf die Art des Tempelherrn einzulassen und dank seiner guten Menschenkenntnis gleich unter der „bitteren Schale" den nicht bitteren Kern zu erkennen (s. S. 45, 28). Wenn der Tempelherr, befangen in seinen Vorurteilen gegenüber Juden, verächtlich die Rettung Rechas abtut („wenns auch nur Das Leben einer Jüdin wäre", S. 46, 22 f.), biegt Nathan diese eigentlich verletzende Bemerkung geschickt ab, indem er sie so auslegt, daß „Die bescheidne Größe sich hinter das Abscheuliche flüchtet, um der Bewunderung auszuweichen." (S. 46, 26 f.). So fängt Nathan immer wieder das Gespräch, das aufgrund der schroffen Haltung des Tempelherrn abzubrechen droht, auf, verwirrt schließlich den Tempelherrn (s. S. 47, 27), macht ihn „betreten" (S. 47, 38) und beschämt ihn dann durch die stumme Sprache der Tränen, als er das Brandmal auf dem Mantel des Tempelherrn küßt und mit seinen Tränen benetzt. Indem Nathan dann den Tempelherrn vorsichtig mahnt, sich als „ein Gipfelchen nicht zu vermessen, Daß es allein der Erde nicht entschossen" (S. 48, 25 f.), und ihm zu erkennen gibt, daß ihm mehr daran gelegen ist, zunächst als Mensch und erst dann als Angehöriger eines Volkes, das er sich nicht auserlesen habe, angesehen zu werden, ist ein Punkt gegenseitiger Verständigung erreicht, der durch einen Freundschaftsbund beschlossen wird. So wie Recha im Gespräch durch Nathan als ihrem kundigen Arzt von ihrer Schwärmerei geheilt wird, heilt Nathan auch den Tempelherrn von seinen Vorurteilen, die diesem auf unnatürliche Weise den Zugang zu den Personen verstellten, die er unbewußt liebt und zu denen er sich unwillkürlich hingezogen fühlt.

Phase 3:
Dialog und Humanität

Die Schüler sollen das folgende Zitat aus einer Abhandlung von Josef Schnell mit den jeweiligen Arbeitsergebnissen ihrer Gruppe vergleichen. Schnell führt aus: „Die Teilnehmer an der Kommunikation sind z.T. befangen in Vorurteilen, sie unterstellen dem Partner unmoralische, negative Absichten. Das bedeutet: Störungen in den Beziehungen entstehen durch unterschiedliche religiöse/ideologische Bindungen und daraus resultierendem Handeln. Gegensätze und Störungen können dort beseitigt werden, wo sie auf ein Verhalten treffen, das bestimmt ist durch das Vertrauen in die Allgemeinheit der Humanität. Gesellschaftlich bedingte Unterschiede sind ohne Bedeutung, Machtverhältnisse bleiben unverändert, aber ihre Veränderung ist auch nicht nötig, weil und sofern die Herrscher sich den Regeln einer humanen Kommunikation unterwerfen." (Josef Schnell: Dramatische Struktur und soziales Handeln, a.a.O., S. 51).
Die erste Arbeitsgruppe, die sich der Gespräche mit dem Patriarchen annahm, kann das Schnell-Zitat dahingehend auswerten, daß die Beziehungen zwischen den Kommunikationspartnern dadurch gestört sind, daß der Patriarch in religiös-ideologischen Bindungen befangen bleibt und keineswegs bereit ist, Vertrauen in die Allgemeinheit der Humanität zu setzen. Der Kirchenfürst verweigert sich der humanen Kommunikation.
Daja wiederum – so kann die zweite Arbeitsgruppe folgern – verfehlt ebenfalls die Regeln humaner Kommunikation. Auch sie bleibt, wenn auch in geringerem Maße, vorurteilsbehaftet, und aufgrund mangelnder intellektueller Flexibilität

wagt sie nicht den Schritt, der Allgemeinheit der Humanität zu vertrauen, so daß sie ihrem Kommunikationspartner unmoralische oder negative Absichten unterstellt, was eine offene Kommunikation und die Beseitigung von Kommunikationsstörungen verhindert. Zum Teil wird dieses Manko Dajas durch ihre ehrliche, gutmütige Art kompensiert.
Das Gespräch Recha – Nathan zeigt dagegen, wie Störungen der Kommunikation aufgehoben werden können. In der Liebe zu ihrem Vater findet das Gespräch mit dem Vater jene vertrauensvolle Basis, die notwendig ist, damit die Regeln einer humanen Kommunikation eingehalten werden können. „Heilung aber ist nicht allein durch rationale Argumentation möglich, sondern der Weg zum praktischen Handeln führt über das Gefühl (Mitleid, Mitgefühl), erst dann kann die Einsicht geweckt werden. Positiv werden die Beziehungen zwischen den Menschen erst durch praktisches Handeln. Die Möglichkeit der Verständigung wird als sicher vorausgesetzt." (Schnell, a.a.O., S. 48)
Die Szene zwischen Nathan und dem Tempelherrn zeigt deutlich, wie Beziehungen zwischen Menschen positiv verändert werden können, weil eine unbefangene Sehweise im Verlaufe des Gespräches an die Stelle des Vorurteils tritt und auf der Ebene menschlicher Solidarität das Trennende religiöser Überzeugungen schließlich als vordergründig angesehen werden kann.

Hausaufgabe:

Als Vorbereitung auf die Analyse der Ringparabel, die den Mittelpunkt der nächsten Stunden bilden soll, ist eine Personencharakteristik Saladins schriftlich anzufertigen, die auf folgende Textstellen Bezug nehmen kann: I, 3; II, 1; III, 4, 5 und 7 (ab S. 74ff.); IV, 4.

13./14. Stunde:
Die Suche nach der unmittelbaren Wahrheit und nach einer neuen Identität: die ‚Ringparabel‘ und die Entwicklung des Tempelherrn

Sachinformation

Der Sultan stellt Nathan, um an Geld zu kommen, eine Falle. Er fordert ihn auf zu begründen, warum er „aus Einsicht, Gründen, Wahl des Bessern" (S. 68, 25) bei seiner Religion geblieben sei, wo doch „von diesen drei Religionen eine nur die wahre sein könne" (ebd. 20f.) Die erwartete Antwort wird verweigert, denn Nathan antwortet mit der Ringparabel nicht auf des Sultans Frage, welche die wahre Religion sei. Im Gegenteil, die Parabel zeigt vielmehr auf, daß die Frage des Herrschers nach Begründung falsch gestellt ist bzw. unbeantwortbar bleiben muß.

Schon bevor Nathan die Geschichte von den drei Ringen erzählt, wird in dem vorausgehenden Nathan-Monolog angedeutet, daß der Sultan nicht die von ihm erwartete Antwort erhalten wird. Nathan hebt nämlich in seinem Monolog seinen neuen Wahrheitsbegriff von dem des Sultans ab: „als ob Die Wahrheit Münze wäre! – Ja, wenn noch Uralte Münze, die gewogen ward! Das ginge noch! Allein so neue Münze, Die nur der Stempel macht, die man aufs Brett Nur zählen darf, das ist sie doch nun nicht! Wie Geld in Sack, so striche man in Kopf Auch Wahrheit ein?" (S. 69, 11 ff.) Ein unmittelbarer Zugang zur Wahrheit (‚uralte Münze‘) ist verstellt, die abstrakte Wahrheit, wie sie der Sultan erwartet (‚Stempel‘), verfehlt die ursprüngliche Wahrheit. Für Nathan gibt es nur eine prozessuale, approximative Form der Wahrheitsfindung, die die eigentliche Wahrheit immer nur als regulative Idee hat und sich somit nie mit Fixierungen, wie es die abstrakte Wahrheit tut, zufrieden gibt.

Entsprechend seinem Wahrheitsbegriff verfällt Nathan nicht auf das philosophisch-theologische Lehrgespräch. „Nicht die Kinder bloß, speist man Mit Märchen ab" (S. 69, 31 f.), sagt er zu sich selbst und bittet den Sultan, ihm ein „Geschichtchen" (S. 70, 21), eben die Parabel von den drei Ringen, erzählen zu dürfen. Zur Vermittlung der Wahrheit, die sich nicht in Begriffen abstrahieren läßt, bedarf Nathan der Poesie als eines spezifischen und hier einzig geeigneten Mediums, um sagen zu können, was er sagen will. Somit spiegelt sich in der architektonischen Mitte des Dramas das poetologische Problem, vor das sich Lessing selbst gestellt sah, als er den ‚Nathan‘ schrieb. Das dramatische Gedicht läßt sich nicht auf einige Lehrsätze verkürzen, sondern Lessing bedarf selbst der parabolisch-dramatischen Form, um seine Aussage ohne Sinnverlust zu vermitteln. Wie die Erzählung der Ringparabel das poetologische Problem des ‚Nathan‘ reflektiert, spiegelt sich Nathan innerhalb der Parabel in der Figur des Richters. Angesichts der Tatsache, daß die drei Ringe ununterscheidbar geworden sind, ja sogar die Vermutung aufkommen kann, daß der rechte Ring verloren ging, bleibt auch dem Richter nichts anderes übrig, als was auch Nathan nur kann, nämlich einen Rat zu geben und die entscheidende Frage nach der wahren Religion zurückzuweisen: „Denkt ihr, daß ich Rätsel Zu lösen da bin? [...] Ich höre ja, der rechte Ring Besitzt die Wunderkraft beliebt zu machen; Vor Gott und Menschen angenehm. Das muß Entscheiden! [...] wenn ihr Nicht meinen Rat, statt meines Spruches, wollt: Geht nur! Mein Rat ist aber der: ihr nehmt Die Sache völlig wie sie liegt. [...] Es eifre jeder seiner unbestochnen Von Vorurteilen freien Liebe nach! Es strebe von euch jeder um die Wette, die Kraft des Steins in seinem Ring' an Tag Zu legen! komme dieser Kraft mit Sanftmut, Mit herzlicher Verträglichkeit, mit Wohltun, Mit innigster Ergebenheit in Gott, Zu Hülf'!" (S. 73, 25 ff.) Der Rat des „bescheidnen Richters" (S. 74, 29) zielt also auf die Praxis einer vorurteilsfreien Liebe unter den Menschen. Außerdem „legitimiert er sich vom Ende der Geschichte her und richtet sich zugleich auf den konkreten Menschen in seiner alltäglichen Geschichte. [...] Er zielt auf freie selbstbestimmte Sittlichkeit des einzelnen und ist legitimiert durch den Verweis auf die Vorsehung." (Joachim Bark, Nachwort zu: Lessing, Nathan der Weise, München 1979, S. 216)

Geht man von der Annahme aus, wie Eibl dies etwa tut, daß mit der Frage nach der wahren Religion auch die Frage nach den unterschiedlichen Kulturen und damit auch Traditionssträngen, die in einen interkulturellen Kontakt zueinander getreten sind, gestellt ist, so läßt sich die Ringparabel auch folgendermaßen lesen: „Die Kulturen, einschließlich der verschiedenen Religionen, sind unterschiedliche Akkomodations-Rahmen des Guten. Dies verkündet der Richter. Er hat die naive Vorstellung von der magischen Kraft des Zauberrings: die naive Vorstellung, eine Kultur sei die ‚richtige', bei der das Gute und dessen Realisationsbedingungen in eins fallen, zerbrochen. Jetzt kann er empfehlen, jeder Religion zu folgen, als ob sie die wahre wäre; unterschiedlich sind nur die – unentbehrlichen – Akkomodations-Rahmen, nicht hingegen der unaussprechbare Kern. Die Konkurrenz wird darum nicht aufgehoben: ‚Es strebe von euch jeder um die Wette', aber nicht nach Herrschaft über den andern, sondern danach, ‚Die Kraft des Steins in seinem Ring' an den Tag zu legen!', also sich ‚vor

Gott und Menschen angenehm' zu machen. Der Richter fordert damit ein radikales Umdenken, weg vom Begründungsdenken, hin zum Bewährungsdenken. Denn mögen Traditionen auch nicht bis hin zu ‚Speis und Trank' begründbar und im Sinne solcher kausaler Herleitung rational zu legitimieren sein, so haben sie doch eine rational zu rechtfertigende Aufgabe. Des Richters Rat besteht darin, den Wahrheitsentscheid auf sich beruhen zulassen und die wechselseitigen Herrschaftsansprüche zu suspendieren, da Herrschaft durch historische Herleitung nicht legitimiert werden kann; wenn, in ‚über tausend tausend Jahre(n)', irgendein Entscheid getroffen werden kann, dann nur auf Grund der Wirkung der Ringe, d. h. aufgrund der Humanisierungs- und Integrationskraft, die einer Tradition innewohnt und die beim Streit um die historische Legitimation ganz in Vergessenheit geraten war, ja, sich in ihr Gegenteil verkehrt hatte." (K. Eibl: G. E. Lessing: Nathan der Weise, in: Deutsche Dramen. Interpretationen zu Werken von der Aufklärung bis zur Gegenwart, hrsg. v. Harro Müller-Michaels, Königstein/Ts. 1981, S. 20).

Welche Folgen es haben kann, aus den sozialen Rollen zu treten und sich nur als Mensch zu verstehen, zeigt z. B. der lange Monolog des Tempelherrn in III, 8. Eibl weist in seiner Interpretation auf die Bedeutung dieses Selbstgesprächs hin: „Dem Tempelherrn wird deutlich, daß er eine neue Identität gewonnen oder zumindest die alte des Tempelherrn verloren hat: ‚Was will mein Orden auch? Ich Tempelherr Bin tot... Der Kopf, den Saladin mir schenkte, wär' Mein alter? – Ist ein neuer... Und ist ein beßrer.' Aber was für einer? Nicht der des christlichen Ritters, des jüdischen Händlers, des mohammedanischen Sultans, sondern der eines noch rollenlosen Ichs. Das ist eine äußerst gefährliche Situation, denn der Tempelherr befindet sich damit in einem vorgesellschaftlichen Zustand, der zwar einerseits frei ist von ‚Entfremdungen‘ gesellschaftlichen Existierens, andererseits ihn aber quasi nackt, wie im Zustande der ‚natürlichen Religion‘, im ‚Stande der natürlichen Freiheit des Menschen‘, allein auf seine Subjektivität zurückwirft. [...] Daß er beim nun folgenden Werben um Rechas Hand so heftig insistiert, von Nathan ‚Sohn‘ genannt zu werden, hat seinen Grund darin, daß er eine neue Rolle sucht. Er will nicht nur Rechas Hand, er, der Waise, will auch einen Vater adoptieren, um rundum in ein neues Determinationsgefüge einzutreten, das der bürgerlichen Gesellschaft. [...] Lessing demonstriert an ihm, daß die Überwindung der Vorurteile nur ein erster Schritt ist, dem, gemäß der Ringparabel, als zweiter die Wiedereingliederung in einen kulturellen Kontext mit einem neuen Bewußtsein folgen muß." (Eibl, Nathan der Weise, a.a.O., S. 22f.)

Die verzweifelte Vatersuche führt den Tempelherrn von Nathan weg zu dem Patriarchen, schließlich zum Sultan. Erst der energische Verweis des Sultans, „Sei ruhig, Christ!" (S. 101, 4) zeigt ihm, daß er in sein altes Ich der Vorurteile zurückgefallen ist. „Durch Saladins Vermittlung hat er zu seinem eigentlichen, ‚natürlichen‘ Vater gefunden, wenngleich er selbst vom Verwandtschaftsverhältnis nichts weiß: ‚Ah, wenn ich wüßte, Wie Assad, – Assad sich an meiner Stelle Hierbei genommen hätte!‘ Assad ist von nun an das maßgebende traditionsbildende Vorbild – nicht in der Form eines starren Regelkodex, sondern als Objektivationshilfe für selbstverantwortetes Handeln. Schritt für Schritt wird der Tempelherr nun zurückgeführt zu gesellschaftlicher Existenz, bis zur letzten Erschütterung und zugleich Aufklärung seiner Iden-

tität, als er die Gefühle des Geliebten mit denen des Bruders vertauschen muß." (Eibl, a.a.O., S. 24).

Unterrichtsverlauf

Phase 1:
Figur des Sultan

Zu Beginn der Stunde können einige der als Hausaufgaben schriftlich anzufertigenden Charakterisierungen Saladins vorgelesen und besprochen werden. Die Charakterisierung des Sultans muß folgende Aspekte ansprechen: Lessing zeigt den Sultan weniger als Herrscher, mehr als Privatmann. So führt er ihn beispielsweise nicht etwa mit einer Regierungshandlung ein, sondern zeigt ihn als jemanden, der zu Beginn des zweiten Aufzuges mit seiner Schwester Sittah beim Schachspiel sitzt. Die Art und Weise aber, wie er mit seiner Schwester spielt, wirft ein bezeichnendes Licht auf seinen Regierungsstil, denn hier wie dort ist er gutmütig, aber diese Gutmütigkeit verbindet sich mit einer gefährlichen Unbesonnenheit, was ihn merklich von Nathan unterscheidet. Entsprechend hatte schon der Derwisch Saladin charakterisiert, wenn er ihn in seinem Gespräch mit Nathan in I, 3 als einen Herrscher beschrieb, der zwar ein Menschenfreund sein wolle, dies aber nur für wenige sein könne, indem er Hunderttausende „drücke, ausmergle, plündre, martre, würge". Geckerei ist die Bezeichnung für solch ein in sich widersprüchliches System, dessen Widersprüchlichkeit zwar der Sultan selbst nicht durchschaut, aber der Zuschauer als das des absolutistischen Herrschers wiedererkennt. Der Wunsch des Herrschers, „des Höchsten Milde" nachzuahmen, die „sonder Auswahl über Bös’ und Gute" sich ergießt, ist stupide Nachäfferei des Allerhöchsten ohne des

„Höchsten immer volle Hand". Die damit gleich zu Beginn des Dramas angesprochene Systemkritik führt Lessing jedoch nicht weiter, im Gegenteil: er versöhnt, indem er Nathan und Saladin, den Bürger und den Herrscher, Freunde werden läßt, nicht ohne jedoch zuvor gezeigt zu haben, wie gefährdet der Bürger lebt, denn Saladin stellt auf Anraten Sittahs Nathan eine Falle, die dieser jedoch zu umgehen weiß.

Phase 2:
Die ‚Ringparabel‘ innerhalb des Handlungsverlaufs

Bevor die Ringparabel selbst behandelt wird, soll vorab in einem Gespräch geklärt werden, wie Lessing die Erzählung Nathans in das Drama einlagert. 1) Legt man die Seitenzahl der Textausgabe zugrunde, fällt ins Auge, daß die Ringparabel genau in der Mitte des Dramas steht. 2) Innerhalb des Handlungsverlaufs hat sie die Funktion, daß Nathan mit dieser Geschichte versuchen muß, die ihm von Saladin gestellte Falle, die er aus dem Gespräch mit dem Derwisch ahnt, möglichst zu umgehen. 3) Außerdem ist die Erzählung der Versuch einer Antwort auf die von Saladin gestellte Frage, welche Gründe Nathan namhaft machen könnte, daß er in der Religion verbleibt, in die er durch Zufall hineingeboren ist. Ein Hinweis auf Lavaters Frage an Mendelssohn wäre sicherlich an dieser Stelle angebracht.

Phase 3:
Nathans Monolog (III, 6)

Eine weitere Annäherung an die Ringparabel kann über Nathans Monolog erfolgen (III, 6). Er müßte nochmals vorgelesen und dann unter den Fragestellungen analysiert werden, mit welchen Problemen sich Nathan konfrontiert sieht. Zum einen hat er Angst, in eine Falle zu laufen, zum andern sieht er sich der Forderung gegenüber, eine Wahrheit formulieren zu müssen, die sich der planen Formulierung entzieht, denn dies bedeutet das Bild von der alten, noch wägbaren, weil konkreten Münze und der neuen, abstrakten, nur durch den Stempel gemachten Münze. Außerdem benennt Nathan am Ende des Monologes seine folgende Erzählung ‚ein Märchen‘, eine Bezeichnung, die jedoch vom Unterrichtenden um den literaturwissenschaftlichen Terminus ‚Parabel‘ ergänzt werden sollte. Ist der Begriff den Schülern nicht bekannt, wäre er wie folgt zu definieren: Die Parabel ist ein zur selbständigen Erzählung erweiterter Vergleich, der von nur einem Vergleichspunkt aus durch Analogie auf den gemeinten Sachverhalt zu übertragen ist.

Phase 4:
Ringparabel: Boccaccio – Lessing

In einer weiteren Phase kann noch zielgerechter auf die Analyse der Ringparabel hingearbeitet werden, nämlich durch einen Vergleich zwischen der Ringparabel aus Boccaccios ‚Decamerone‘ und Lessings ‚Nathan‘. Hierzu sollte jedoch von den Schülern zunächst in einer Stillarbeitsphase der Text von Boccaccio, der im Materialienteil der ‚Nathan‘-Ausgabe abgedruckt ist (s. S. 159–161), gelesen werden, danach – wenn möglich – der Vortrag der Ringparabel Nathans per Schallplatte vorgespielt oder nochmals laut vorgelesen werden, wobei ein Schüler die Rolle Nathans, ein anderer die Partie Saladins übernehmen kann.

Im anschließenden Gespräch wären die Unterschiede zwischen der von Lessing benutzten Vorlage, die sicherlich zu seinen wichtigsten Anregungen zum Nathan-Stück zu rechnen ist, und seiner Bearbeitung dieser Vorlage herauszuarbeiten.

Folgende Unterschiede lassen sich festmachen (sie können in einem Tafelbild festgehalten werden):

Bei Boccaccio dient die Erzählung der Parabel als Beleg dafür, „daß Torheit uns oft vom höchsten Glück ins höchste Elend stürzt, Verstand hingegen den Klugen aus den größten Gefahren reißt". Im ‚Decamerone' heißt der Sultan auch Saladin, der Jude hingegen Melchisedech. Dieser Jude ist hier – anders als Nathan – „geizig" (159, 21) und will sich mit seiner Geschichte aus der ihm vom Sultan gelegten Schlinge ziehen, eine Situation, die Lessing deutlich übernimmt. Außerdem unterscheiden sich die Fragen bei Boccaccio und Lessing voneinander, auf die die Ringparabel Antwort zu sein versucht. Bei Boccaccio ist die Frage, „welche von den drei Religionen [er] für die wahre [halte], die jüdische, die sarazenische oder die christliche" (S. 159, 30ff.). Bei Lessing fragt der Sultan hingegen Nathan, warum er bei seiner Religion bleibe, obwohl er doch wohl nur durch Zufall in sie hineingeboren sei. Ein weiterer Unterschied ist schließlich, daß Lessing die Kraft der Ringe, „vor Gott Und Menschen angenehm zu machen" (S. 7034f.), davon abhängig macht, daß der Ring auch in dieser Zuversicht getragen wird. Boccaccio spricht weder von dieser Kraft des Ringes noch von der notwendigen Voraussetzung, daß er in dieser Zuversicht getragen werden müsse. Schließlich bleibt zwar auch im ‚Decamerone' die Frage nach dem rechtmäßigen Erbe unentschieden und gilt auch „heute" noch als unausgemacht, aber Lessing erweitert die Parabel, indem er die Söhne vor einen Richter ziehen läßt, der die Söhne ermahnt, daß zunächst jeder seiner von Vorurteilen freien Liebe nacheifern solle: „Es strebe von euch jeder um die Wette, Die Kraft des Steins in seinem Ring an Tag Zu legen!" (S. 74, 18ff.). Nathan weist auf

einen weiseren Richter in einer unbestimmten Zukunft hin, und er spielt sogar die Möglichkeit durch, daß der rechte Ring gar verloren ging und folglich alle drei Ringe falsch seien. Gerade die letzte Möglichkeit ist wichtig für Lessings Position, kommt es ihm doch eben nicht darauf an, die Echtheit des Ringes durch Begründung nachzuweisen. Ein solcher Beweis ist nicht zu erbringen, denn alle Religionen gründen letztlich auf „Treu und Glaube". Sie alle gründen auf Geschichte (S. 72, 26). Den Beweis erbringt nur, „wer mit Sanftmut, mit herzlicher Verträglichkeit, mit Wohltun, Mit inniger Ergebenheit in Gott" (S. 72, 20ff.) lebt und handelt. Die wahre Religion läßt sich theoretisch nicht erweisen; alle Religionen sind gleich wahr oder unwahr. Die Gefahr, daß alle drei „betrogene Betrieger" sind, kann nur gebannt werden, wenn jeder nicht mehr „sich selber nur Am meisten" (S. 73, 36ff.) liebt, sondern alles daran setzt, den anderen zu tolerieren und „gut zu handeln", wie Nathan bereits in dem Gespräch mit Recha geraten hatte.

Phase 5:
Entwicklung des Tempelherrn

Die Ringparabel ist – wir wiesen bereits darauf hin – dem ‚Nathan' nicht als herauslösbare Erzählung eingesetzt. Dramatische Handlung und Parabel durchdringen sich gegenseitig. Um dies nochmals dem Schüler zu demonstrieren, verweisen wir in einem weiteren Unterrichtsschritt auf die Verbindung zwischen der Parabel und der Entwicklung des Tempelherrn. Nathan hatte dem Sultan gegenüber geäußert: „Nun wessen Treu und Glauben zieht man denn Am wenigsten in Zweifel? Doch der Seinen? Doch deren Blut wir sind? doch deren, die Von Kindheit an uns Proben ihrer Liebe Gegeben? die uns nie getäuscht, als wo Getäuscht zu werden uns heilsamer war? Wie kann ich meinen Vätern weniger, Als du den deinen glauben? Oder umgekehrt. – Kann ich von dir verlangen, daß du deine Vorfahren Lügen strafst, um meinen nicht Zu widersprechen? Oder umgekehrt." (S. 72, 30 ff.). Die Entwicklung des Tempelherrn zeigt modellhaft, was geschieht, wenn die eigene Identität, die wesentlich auf Treu und Glauben beruht, in eine Krise gerät und erneut aufgebaut werden muß. Um dies zu verdeutlichen, müssen die Schüler wesentliche Phasen der Entwicklung des Tempelherrn ausmachen. Dies kann womöglich mit einem Blick in das Szenarium in einer Stillarbeitsphase geschehen. Folgende Ergebnisse wären dann in einem Gespräch zu sichern:

Schon zu Beginn ist der Tempelherr jemand, der die Züge des Melancholikers trägt, weil er aufgrund der Begnadigung durch den Sultan seine Selbstsicherheit verloren hat. Er ist in seinen Vorurteilen, die ihm bislang sein Denken und Handeln einfach machten, gestört worden (s. „Mein Leben war mir ohnedem In diesem Augenblick lästig", S. 46/18). Der Tempelherr ist auch verstört, weil er Recha wohl auf den ersten Blick liebt. Er gesteht sich dies jedoch nicht ein, weil ihm sein altes Rollenverständnis als Tempelherr verbietet, eine Jüdin zu lieben.

Erst Nathan erlöst ihn aus diesem Dilemma, wenn er ihm in dem Gespräch II,5 einsichtig machen kann, daß es genügt, „ein Mensch zu sein"; nur „fromme Raserei" (48/38) will in dem anderen zunächst den Juden oder Christen, dann erst den Menschen sehen. So wichtig auch diese Einsicht ist, sie genügt nicht, konfliktlos leben zu können. Das zeigt der weitere Entwicklungsgang des Tempelherrn nur zu deutlich. Das Wissen darum, daß alle Menschen gleich sind, muß ergänzt werden um die Einsicht, daß der Mensch auch der konkreten sozialen Rollenfestlegung bedarf, wenn er handeln will.

Der Tempelherr wird wieder rückfällig, sobald er Mißtrauen gegenüber Nathan schöpfen muß, weil dieser ihm seine Tochter verweigert. Die Rolle als Geliebter Rechas und Sohn Nathans wird ihm verweigert. Die alte Leidenschaft und Hitzigkeit bricht so wieder los, der Tempelherr fällt zurück in die Rolle des schwärmenden Christen. Darauf verweist ihn Saladin (s. S. 101/4). Erst als Nathan ihm seine und Rechas Herkunft darlegen kann, gewinnt der Tempelherr seine Ruhe zurück. Nun hat er eine neue Rolle als Bruder Rechas und als Sohn Assads gefunden, in der er sich und eine neue Identität verwirklichen kann.

Blickt man zurück auf den Entwicklungsgang des Tempelherrn, so zeigt sich als dessen Problem – und diese Einsicht müßte am Ende der Auswertung stehen –, wie man mit der Erkenntnis, daß alle Menschen gleich sind, aber doch in verschiedenen Kulturkreisen leben, existieren kann, ohne daß man die Identität, die man durch die jeweilige Lebenswelt, in die man hineingeboren ist, gewonnen hat, aufgeben muß.

15. Stunde:
Formen der Weisheit: Klosterbruder, Derwisch, Nathan

Sachinformation

Der Klosterbruder und Al Hafi sind sicherlich Episodenfiguren, aber gerade als solche haben sie eine nicht unwichtige Funktion, sind sie es doch, die zusammen mit Daja Elemente der Komödie ins Spiel bringen und zugleich das schon vom Titel her vertraute Thema der Weisheit in einer jeweils anderen Weise durchspielen, so daß die Weisheit Nathans so genauere Konturen bekommt. Nathans Weisheit ist weder stoischer, noch gesinnungsethischer Natur (s. Eibl, Lessing: Nathan der Weise, S. 8), er ist kein Weiser, der die Welt meidet oder gar flieht, im Gegenteil, er mischt sich mit einer Portion Schlauheit in die Geschäfte der Welt ein. Gleich der erste Auftritt zeigt einen Nathan, der von einer Geschäftsreise heimkehrt, auf der er Schulden eingetrieben hat.

Anders Derwisch und Klosterbruder. Sie fliehen letztlich die Welt. „Derwisch und Klosterbruder, Parse und Christ, tauchen [dann] als wiederholte Spiegelung eines Problems auf; der Derwisch, der so plötzlich Schatzmeister, und der Klosterbruder, der des Patriarchen Zuträger geworden, manifestieren das Gefährliche einer Weltflucht, die sich gegen alle ursprüngliche Intention mit den Mächten der Welt auf das Unvorsichtigste eingelassen hat. Immerhin: der eine widerruft seine Entscheidung ebenso rasch und hektisch wie er sie getroffen; der andere, ein kreuzfahrender Schwejk in der Kutte, verkehrt seinen mönchischen Gehorsam durch zielbewußte Einfalt und Folgerichtigkeit ins Absurde." (P. Demetz, Lessings ‚Nathan der Weise', zit. nach: Lessings Nathan der Weise, hrsg. v. K. Bohnen, Darmstadt 1984, S. 176). Al Hafi und der Klosterbruder fehlen im Schlußtableau, sie bilden hier schmerzliche Lücken, haben sich den Institutionen (Patriarch bzw. Hof des Sultans) entzogen, weil sie nicht schuldhaft werden wollten, bzw. weil ihnen ihr zur Melancholie neigendes Gemüt sagt, daß nur am Ganges Menschen sind, man nur als Bettler unter Bettlern Mensch bleiben kann. Aber ihre endgültige Flucht ist nur die Wiederholung einer früheren. Ist doch der Klosterbruder ins Kloster eingetreten, um sich nicht in die Weltläufte zu verwikkeln: „Bin ich darum aus der Welt geschieden, ich Für mich; um mich für andre mit der Welt Noch erst recht zu verwikkeln?" (S. 87, 12 ff.).

Gegen solche Weltflucht steht Nathan. „Was macht ihn zum Weisen, was gibt ihm die Überlegenheit, die die verschiedenen Menschen des Dramas zusammenführt und die gleichsam über den Vorgängen bestehen kann? Es sind vor allem zwei Züge, an denen diese Souveränität Nathans sichtbar wird. Der eine ist das Heraustreten aus der Welt der äußeren Dinge. Nathan hat sich durch Selbstentsagung und Selbstverleugnung von den Bedingtheiten und Verstricktheiten des täglichen Lebens gelöst. Er ist keinem Vorgange des Lebens mehr unterworfen, weil er auf jeden gefaßt ist und jeden von der Freiheit seiner Innerlichkeit aus aufnimmt. Vom äußeren Leben aus gesehen ist diese Haltung Resignation; von der Innerlichkeit aus innere Freiheit und Einwilligung in den Willen Gottes. [...] Nathans Innerlichkeit steht nicht mehr im Gegensatz zur äußeren Welt, sondern verwandelt alles äußere Geschehen in innere moralische Existenz. Dies geschieht durch persönliche Selbstverleugnung, Güte und Menschenliebe, rationales Verständnis und bewußte Aufklärung. [...] Wird die Souveränität Nathans einmal in dem Heraustreten aus der Welt der äußeren Dinge sichtbar, so zeigt sie sich zweitens in einem Hereinnehmen der äußeren Dinge in die Innerlichkeit. Dieses Hereinnehmen geschieht durch den Gedanken der göttlichen Fügung. Die äußeren Dinge erhalten eine neue Bedeutung, insofern sie von der moralischen Existenz aus angeschaut werden. Sie sind nicht mehr von außen verhängt, sondern von innen her erlitten. Durch Fügung erweist sich alles Äußere als ständige Aufgabe und als ständiger Reiz für die Unmittelbarkeit der moralischen Innerlichkeit. Denn gerade das macht die Fügung erst zur Fügung, daß sie aus der

Sinnlosigkeit des Zufälligen heraustritt und eine notwendige, bestimmende und läuternde Bedeutung für den inneren Menschen hat." (Benno von Wiese: Nathan der Weise, zit. nach: Lessings Nathan der Weise, hrsg. v. Klaus Bohnen, a.a.O., S. 141 f.)

Nathans Weisheit unterscheidet sich von der Weisheit Al Hafis und der Schlauheit des Klosterbruders dadurch, daß er nicht die Welt flieht. Aber er läßt sich auch nicht distanzlos auf die Geschäfte der Welt ein, geht nicht unmittelbar in ihnen auf. Er wahrt Distanz zu seiner Umgebung, aber läßt sich immer wieder liebevoll auf sie ein, denn sie braucht ihn als Erzieher. Jener zur Welt gewonnene Abstand und gleichzeitig die Liebe zur Welt und zu den Menschen, d. h. jener für Nathan so charakteristische Schwebezustand seiner Haltung, lassen ihn tolerant sein, zum Exemplum für Humanität werden. Er verkörpert jenen Idealzustand eines Weisen, wie ihn sich die Aufklärung vorstellte. Seine Weisheit besteht in einer prinzipiellen Offenheit für den Dialog mit dem anderen und in dem Vermögen, für Verständigung zu sorgen, wo sich die Menschen in Mißverständnisse verrannt haben.

Lessing macht Nathan jedoch nicht zu einer blutleeren Idealfigur. Er hat diese Figur vielmehr so angelegt, daß sie und ihre Weisheit durchaus realistische Züge tragen. Nathans Idealität resultiert nämlich aus seiner Leiderfahrung, aus dem sogenannten Hiob-Erlebnis. Als seine Familie auf brutalste Weise zerstört wurde, haderte er in seinem unermeßlichen Leiden mit Gott, aber aus diesem Zweifel an der Gerechtigkeit Gottes und aus seiner existentiellen Verzweiflung findet er wieder heraus, indem er das ihm Zugestoßene und die ihm vom Klosterbruder zum Schutze übergebene Recha als eine Schickung Gottes annimmt, jedoch nicht in dieser alles als göttliche Fügung begreifen-

den Haltung verbleibt, sondern gleichzeitig erkennt, daß er seinen aktiven Part übernehmen muß, wenn das Leid in der Welt vermindert werden, der Mensch dem Menschen humaner begegnen soll. So dürften wohl seine Worte zu verstehen sein: „Ich stand! und rief zu Gott: ich will! Willst du nur, daß ich will!" (S. 110, 16) Das ist der Kern der Weisheit Nathans: sich in die Vorsehung Gottes einzufügen, indem man aktiv seinen eigenen, vor der Vernunft verantworteten Part übernimmt.

Unterrichtsverlauf

Phase 1:
Weisheit/Schlauheit/Klugheit

Wir beginnen den Themenkomplex ‚Formen der Weisheit' mit einem Unterrichtsschritt, der zunächst nicht direkt mit dem ‚Nathan' im Zusammenhang zu stehen scheint. Wie schon bei dem Begriff ‚Aufklärung' sollen die Schüler sich auch hier in einer Begriffserläuterung des Begriffs ‚Weisheit' versuchen. Um jedoch die Begriffsbestimmung zu erleichtern, suchen die Schüler zunächst nach begriffsverwandten Wörtern wie ‚Schlauheit', ‚Klugheit', ‚Raffinesse', ‚Schlitzohrigkeit' usw. bzw. nach gegenteiligen Begriffen, wie ‚Dummheit', ‚Torheit', ‚Borniertheit' usw. Danach wäre die gesamte Schülergruppe in drei Untergruppen einzuteilen, die in Stillarbeit jeweils sich eines der drei Begriffe: ‚Weisheit', ‚Klugheit', ‚Schlauheit' annehmen. Sollten die Schüler in solchen Begriffserklärungen ungeübt sein, sind ihnen Hilfestellungen zu geben: Sie können nach sprachlichen Verwendungszusammenhängen fragen, in denen die Begriffe oder die Adjektive wie ‚schlau', ‚klug' bzw. ‚weise' verwendet werden. Hilfreich ist auch der Rückgriff auf Sprichwörter oder geflügelte Wörter, wie: „Der kluge Mann baut vor" oder die Erinnerung an die Darstellung weiser Männer oder Frauen in der Kunst.

Wer sich auf eine von den Schülern durchzuführende Begriffsanalyse nicht einlassen will, kann auch den entsprechenden Abschnitt aus Bollnow, Friedrich Otto: Wesen und Wandel der Tugenden, Berlin 1964, S. 105–108, vorlegen und mit den Schülern gemeinsam auf eine Begriffserläuterung der drei o.g. Begriffe hin besprechen.

Sodann sollen die Ergebnisse der Begriffsanalyse auf die Personen des ‚Nathan' übertragen werden. Schlau ist sicherlich der Klosterbruder, Nathan – wie schon der Titel sagt – weise, aber auch klug; Al Hafi, der professionelle Weise in der Rolle des Derwischs, ist sicherlich auch weise, aber in einer anderen Art als Nathan.

Phase 2:
Schlauheit des Klosterbruders

Diese vorläufigen Zuordnungen der Eigenschaften Weisheit, Schlauheit, Klugheit müssen nun in einem weiteren Schritt detaillierter begründet werden. Im Falle des Klosterbruders bietet es sich an, zunächst die Szene I, 5 (Unterhaltung Klosterbruder/Tempelherr) mit verteilten Rollen lesen zu lassen, um dann in einem folgenden Gespräch abzuklären, wie durch Stimmführung, Gestik und Mimik die Verschmitztheit des Klosterbruders dargestellt werden kann, wobei besondere Bedeutung seinem mehrfach wiederholten, geradezu penetrant wirkenden Satz „sagt der Patriarch" zukommen wird. Die Dialogpartien aus dem Gespräch mit Nathan (S. 109 und 110) zeigen seine Einfachheit (er ist Analphabet) und seine tiefe Menschlichkeit. Schließlich wird zu diskutieren sein, wie der endgültige Abgang (S. 120, 13), sein „Lebt wohl!", zu

verstehen ist. Wir deuten es so, daß der Klosterbruder, der sich ins Klosterleben zurückzog, um sich der Welt zu entziehen, sich damit aber immer mehr in die Geschäfte der Welt einmischen mußte, wohl wieder seinen Rückzug aus der klösterlichen, dem Patriarchen unterstellten Institution antritt, um einen neuen Versuch zu wagen, sich ganz der ‚Welt' zu entziehen.

Phase 3:
Weisheit des Al Hafi

Ist so das Verhältnis des Klosterbruders zur Welt geklärt, gilt es, die Parallele in der Entwicklung zu Al Hafi aufzuweisen. Auch er, der zurückgezogen Lebende, läßt sich ja nur kurz auf die Geschäfte in der Welt in der Rolle des Schatzmeisters ein, um sich nach diesem ihm schon bald zur Last werdenden Zwischenspiel zum Ganges zurückzuziehen, um dort als Bettler unter Menschen zu sein. Hier weist er seine Rolle als „Werkzeug" (S. 56, 3) zurück, will in Zukunft nur sich selber leben und nicht mehr als andrer Leute Sklave (S. 56, 22f.). Lessing läßt den Derwisch bereits am Ende des zweiten Aufzuges die Bühne verlassen, läßt ihn hier bereits sein „Lebt wohl!" (S. 56, 31) sprechen und Nathan diesen Abgang wie folgt kommentieren: „Wilder guter, edler – Wie nenn' ich ihn? – Der wahre Bettler ist Doch einzig und allein der wahre König!" (S. 56, 33ff.). Es wäre mit den Schülern zu diskutieren, ob nicht mit dem Derwisch eine Existenzmöglichkeit vorgestellt wird, die allein erlaubt, weise zu sein. Man wird zum Anlaß der Diskussion nehmen können, daß der Derwisch Nathan selbst dazu auffordert, mit ihm an den Ganges zu kommen (S. 56, 6).

Phase 4:
Nathans Weisheit

Das Ergebnis der Diskussion könnte sein, daß Lessing mit Nathans Weisheit eine andere Form der Weisheit auf die Bühne bringt, die er für gleichberechtigt, wenn nicht sogar für erstrebenswerter hält als die des Derwisch. Für die Diskussion selbst wird es hilfreich sein, sich nochmals innerhalb des Textes jener Stellen zu vergewissern, die Nathans Weisheit thematisieren (S. 18, 22 ff.; S. 40 und 41; S. 42, 37 ff.; S. 67, 1 ff.): Danach ist Nathan gut, klug und weise. Nathan weiß nach den Worten Al Hafis „zu leben" (S. 40, 38 f.); er hat Verstand; ihm hat Gott „von allen Gütern dieser Welt Das kleinst' [Reichtum] und größte [Weisheit] so in vollem Maß Erteilet" (S. 40, 4 ff.). Nathan ist reich. Seine unerschöpflichen Quellen sind sein Handel: „Sein Saumtier treibt auf allen Straßen, zieht Durch alle Wüsten; seine Schiffe liegen In allen Häfen" (S. 42, 29 ff.). Was Nathan „klug und emsig zu erwerben für zu klein nicht achtet", wendet er wiederum „groß und edel" an (S. 42, 33 ff.). Das eben macht Nathans Weisheit aus, daß sie nicht weltabgewandt ist, sondern daß er, dessen Geist von Vorurteilen frei, dessen Herz jeder Tugend offen und für jede Schönheit zugänglich ist (S. 42, 36 ff.), sich ganz auf die Geschäfte der Welt einläßt.

Fragt man nun noch, wie es zu dieser Weisheit Nathans gekommen ist, wird man spekulieren müssen. Sicherlich trifft zu, was Saladin über Nathan mutmaßt, daß er einmal darüber nachgedacht haben müsse, was denn des „Menschen wahre Vorteile" (S. 67, 20 f.) seien. Aber über ein solches Nachdenken wird von Nathan nichts geäußert. Ausschlaggebend für Nathans Haltung dürfte sein Hioberlebnis sein – hier bedarf es einer kurzen Lehrerinformation –, jener Augenblick, wo er an Gott ob des Meuchelmordes an seiner Familie zu verzweifeln drohte, aber doch im letzten Augenblick sich besinnt: „Doch nun kam die Vernunft allmählig wieder. Sie sprach mit sanfter Stimme: ,und doch ist Gott! Doch war auch Gottes Ratschluß das! Wohlan! Komm! übe, was du längst begriffen hast; Was sicherlich zu üben schwerer nicht, Als zu begreifen ist, wenn du nur willst. Steh auf!' – Ich stand! und rief zu Gott: ich will! Willst du nur, daß ich will!" (S. 110, 9 ff.). In dieser Selbstreflexion (Gespräch mit der eigenen Vernunft) ergreift der verzweifelte Nathan sein Leben erneut. Er setzt auf die göttliche Vorsehung, auf eine Harmonie des Ganzen, auch wenn sie seinen menschlichen Augen verborgen ist, und in diesem Vertrauen auf Gott und die beste aller möglichen Welten ist er bereit, seinen Part zu spielen. Dieses bewußte Ja zur Welt resultiert also aus einem Akt der Freiheit, und aus dieser Freiheit resultieren Nathans Weisheit, sein Humor, aber auch sein Ernst.

16. Stunde:
Die geschichtsphilosophische Variante des ‚Nathan': Lessings ‚Erziehung des Menschengeschlechts'

Sachinformation

Das Ende des ‚Nathan' ist bekannt, berühmt jene Szene, wo sich „unter stummer Wiederholung allseitiger Umarmung" alle Widersprüche des Dramas aufzulösen scheinen. Die Szene ist Tableau, das Drama schließt mit einem Schlußbild, wie es im Drama des 18. Jahrhunderts häufiger gewählt wurde und das den Komödienschluß durchscheinen läßt. Das Ende des

‚Nathan' ist aber auch noch mehr als formales Zitat der Komödie. Es scheint hier ein Bild eingefangen zu sein, das, in seiner utopischen Dimension betrachtet, zugleich wie ein Gesellschaftsmodell angesehen werden kann. Im Bild der Familieneinheit haben sich alle Trennungen als Verkehrungen der Natur aufgehoben. Vernunft und Natur sind miteinander versöhnt. Was sich getrennt und einander fremd glaubte, sieht sich – von Nathans feinen Fäden geführt – plötzlich als Mitglied einer Familie, wie sich – dies der utopische Sinn des harmonisierenden Schlußbildes – auch die einander entfremdeten Menschen und Menschengruppen als Glieder einer und nur einer alle Menschen umfassenden Menschheitsfamilie begreifen sollen.

Mit dem ‚Nathan' vergleichbar ist Lessings fast gleichzeitig entstandene Schrift ‚Die Erziehung des Menschengeschlechts', die auch mit einem Blick auf die „Zeit der Vollendung" schließt und somit nach einem Gang durch die Geschichte des Menschengeschlechts mit einem zwar nicht weiter ausformulierten, aber doch angedeuteten Zukunftsbild endet.

Wie für den ‚Nathan' liegt auch für die ‚Erziehungsschrift' die Keimzelle der Entstehung im Reimarus-Streit (s. Sachinformation zur 9./10. Stunde). Das vierte Reimarus-Fragment hatte nachzuweisen versucht, daß die Lehren, die „eine übernatürliche seligmachende Religion" auszeichnen – „die Erkenntnis von der Unsterblichkeit der Seelen, von der Belohnung und Bestrafung unserer Handlungen in einem zukünftigen ewigen Leben; von der Vereinigung frommer Seelen mit Gott zu einer immer größeren Verherrlichung und Seeligkeit" –, im Alten Testament fehlten, so daß diesem deshalb jeder Offenbarungscharakter abgesprochen werden müsse. Lessing selbst setzt sich in

dieser Hinsicht von Reimarus ab. Er folgert nicht daraus, daß diese Lehrinhalte dem Alten Testament fremd seien, daß dieses des göttlichen Ursprungs entbehre. Er definiert vielmehr das Alte Testament als eine Reihe von „Elementarbüchern für das rohe und im Denken ungeübte israelitische Volk". Diese Überlegungen kommen dem Ansatz der ‚Erziehungsschrift' sehr nahe, denn was zunächst auf das Alte Testament bezogen wurde, wird dort auf die gesamte Offenbarung in ihren einzelnen Stadien, von denen eines nur das Alte Testament ist, bezogen.

Im ersten Paragraphen seines insgesamt 100 Paragraphen umfassenden Werkes legt Lessing die Voraussetzung seiner geschichtsphilosophischen Betrachtung der Menschheitsentwicklung dar: „Was die Erziehung bei dem einzelnen Menschen ist, ist die Offenbarung bei dem ganzen Menschengeschlechte." Ontogenese und Phylogenese vermischen sich also in den folgenden Betrachtungen. Die Geschichte der Menschheit verläuft analog der Erziehungsgeschichte bzw. den Erziehungsstadien des Individuums. So läßt sich in der Geschichte des Menschengeschlechts vom Kindes-, Jünglings- und Mannesalter sprechen, wie sich umgekehrt in den Entwicklungsstadien des Einzelwesens der Gang der Menschheitsgeschichte gespiegelt wiederfindet. Der Erziehungsprozeß ist auf Emanzipation hin angelegt, und so läßt sich auch sagen, wie es in § 4 geschieht: „Erziehung gibt dem Menschen nichts, was er nicht auch aus sich selbst haben könnte: sie gibt ihm das, was er aus sich selber haben könnte nur geschwinder und leichter. Also gibt auch die Offenbarung dem Menschengeschlechte nichts, worauf die menschliche Vernunft, sich selbst überlassen, nicht auch kommen würde: sondern sie gab und gibt ihm die wichtigsten Dinge nur früher." Darin liegt nun die eigentliche Provokation der Theologie, insbesondere der Orthodoxie, daß Lessing damit die Offenbarungswahrheiten in reine Vernunftwahrheiten auflöst. Der historische Fortschritt des menschlichen Erkenntnisvermögens ist nichts anders als die „Ausbildung geoffenbarter Wahrheiten in Vernunftwahrheiten".

Entsprechend einem Lernprozeß, wo auch nicht ein Schritt vor dem anderen getan werden darf, verfolgt auch Gott bei seiner Offenbarung „eine gewisse Ordnung". So entfaltet sich die Menschheits-Erziehung vornehmlich in drei sich jeweils voraussetzenden Stadien:

Die erste Phase, die Kinderzeit der Menschheit (§§ 1–50), entspricht dem Elementarbuch des Alten Testamentes. Der Unterricht erfolgt hier in Allegorien und lehrreichen einzelnen Fällen, daraus sich dann mit Hilfe der philosophischen Spekulation die Lehre von der Einheit Gottes ergibt. Mit dem Neuen Testament ist die Stufe des Alten überwunden. Hatten dort noch „zeitliche Belohnung und Strafen" die Beweggründe guten Handelns abgegeben, so ist mit dem Neuen Testament, der christlichen Zeit oder dem Jünglingsalter der Menschheit, die Zeit gekommen, wo nach „edleren, würdigeren Beweggründen" gehandelt wird. Das Alte Testament kannte noch nicht die Unsterblichkeit der Seele. Nun aber „war es Zeit, daß ein andres wahres nach diesem Leben zu gewärtigendes Leben Einfluß auf die Handlungen gewönne." Christus ward damit der „erste zuverlässige, praktische Lehrer der Unsterblichkeit der Seele". Lessing provoziert auch hier, indem er die Frage der Gottessohnschaft Christi undiskutiert läßt: „Ob wir noch jetzt diese Wiederbelebung [gemeint ist Christi Auferstehung], diese Wunder beweisen können: das lasse ich dahin gestellt sein. So, wie ich es dahin gestellt sein lasse, wer die Person dieses Christus gewesen. Alles das kann damals zur Annehmung seiner Leh-

re wichtig gewesen sein: itzt ist es zur Erkennung der Wahrheit dieser Lehre so wichtig nicht mehr", denn – so könnte man eine andere Stelle aus der ‚Erziehung' heranziehen: Wieder einmal ist es so weit, daß „die Offenbarung [des Menschen] Vernunft geleitet, und nun die Vernunft auf einmal die Offenbarung erhellt."

Als drittes Stadium erwartet Lessing eine Zeit der Vollendung, die Zeit eines „neuen ewigen Evangeliums". Sie wird dadurch gekennzeichnet sein, daß der Mensch „das Gute tun wird, weil es das Gute ist, nicht weil willkürliche Belohnungen darauf gesetzt sind, die seinen flatterhaften Blick ehedem bloß heften und stärken sollten, die innern bessern Belohnungen desselben zu erkennen." Auch beim Übergang vom Jünglings- zum Mannesalter erweist sich die vorausgegangene Stufe als entbehrlich, da sie in der nächsten mit aufgehoben ist: „So wie wir zur Lehre von der Einheit Gottes nunmehr des Alten Testaments entbehren können, so wie wir allmählich, zur Lehre der Unsterblichkeit der Seele, auch des Neuen Testaments entbehren zu können anfangen: könnten in diesem nicht noch mehr dergleichen Wahrheiten vorgespiegelt werden, die wir als Offenbarungen so lange anstaunen sollen, bis sie die Vernunft aus ihren andern ausgemachten Wahrheiten herleiten und mit ihnen verbinden lassen?"

Wie Lessing die Offenbarungswahrheiten in den Vernunftwahrheiten aufgehoben sieht, sieht er auch die positiven Religionen als Übergangsphänomene. Die geschichtsphilosophische Tendenz seines Werkes, in allen „positiven Religionen [. . .] weiter nichts, als den Gang zu erblicken, nach welchem sich der menschliche Verstand jedes Ortes einzig und allein entwickeln kann, und noch ferner entwickeln soll", erlaubt Lessing, traditionelle theologische Begriffe so umzuformulieren, daß sie näheren und besseren Begriffen vom göttlichen Wesen weichen müssen, nämlich „spekulativ-vernünftigen", die dem fortschrittlicheren Stand des Bewußtseins genügen.

Lessings Blick auf die Erziehung des Menschengeschlechts legt Zeugnis ab für den aufklärerischen Optimismus, aber Lessing ist nur optimistisch, wo er zugleich auch skeptisch sein darf. So stellt er seiner Schrift als Motto ein Augustinus-Zitat voran: „Alle diese Dinge sind aus dem gleichen Grunde in gewisser Hinsicht wahr, aus dem sie in gewisser Hinsicht falsch sind."

Sein Optimismus ist nicht plan, sondern er berücksichtigt immer auch den Irrtum.

So heißt es im Vorbericht des Herausgebers zur ,Erziehung des Menschengeschlechts': „Gott hätte seine Hand bei allem im Spiele: nur bei unsern Irrtümern nicht?" Ein solches Lob des Irrtums erinnert an die Irrtümer und Umwege des ,Nathan', und der Gedanke wird nochmals am Ende der ,Erziehungsschrift' aufgegriffen: „Geh deinen unmerklichen Schritt, ewige Vorsehung! Nur laß mich dieser Unmerklichkeit wegen an dir nicht verzweifeln. – Laß mich an dir nicht verzweifeln, wenn selbst deine Schritte mir scheinen sollten, zurückzugehen! Es ist nicht wahr, daß die kürzeste Linie immer die gerade ist." (§ 91)

Textauszug aus Lessings:
Die Erziehung des Menschengeschlechts

§ 1.

Was die Erziehung bei dem einzeln Menschen ist, ist die Offenbarung bei dem ganzen Menschengeschlechte.

§ 2.

Erziehung ist Offenbarung, die dem einzeln Menschen geschieht: und Offenbarung ist Erziehung, die dem Menschengeschlechte geschehen ist, und noch geschieht.

§ 3.

Ob die Erziehung aus diesem Gesichtspunkte zu betrachten, in der Pädagogik Nutzen haben kann, will ich hier nicht untersuchen. Aber in der Theologie kann es gewiß sehr großen Nutzen haben, und viele Schwierigkeiten heben, wenn man sich die Offenbarung als eine Erziehung des Menschengeschlechts vorstellet.

§ 4.

Erziehung gibt dem Menschen nichts, was er nicht auch aus sich selbst haben könnte: sie gibt ihm das, was er aus sich selber haben könnte, nur geschwinder und leichter. Also gibt auch die Offenbarung dem Menschengeschlechte nichts, worauf die menschliche Vernunft, sich selbst überlassen, nicht auch kommen würde: sondern sie gab und gibt ihm die wichtigsten dieser Dinge nur früher.

§ 5.

Und so wie es der Erziehung nicht gleichgültig ist, in welcher Ordnung sie die Kräfte des Menschen entwickelt; wie sie dem Menschen nicht alles auf einmal beibringen kann: ebenso hat auch Gott bei seiner Offenbarung eine gewisse Ordnung, ein gewisses Maß halten müssen.

§ 6.

Wenn auch der erste Mensch mit einem Begriffe von einem Einigen Gotte sofort ausgestattet wurde: so konnte doch dieser mitgeteilte, und nicht erworbene Begriff unmöglich lange in seiner Lauterkeit bestehen. Sobald ihn die sich selbst überlassene menschliche Vernunft zu bearbeiten anfing, zerlegte sie den Einzigen Unermeßlichen in mehrere Ermeßlichere, und gab jedem dieser Teile ein Merkzeichen.

§ 7.

So entstand natürlicher Weise Vielgötterei und Abgötterei. Und wer weiß, wie viele Millionen Jahre sich die menschliche Vernunft noch in diesen Irrwegen würde herumgetrieben haben; ohngeachtet überall und zu allen Zeiten einzelne Menschen erkannten, daß es Irrwege waren: wenn es Gott nicht gefallen hätte, ihr durch einen neuen Stoß eine bessere Richtung zu geben.

§ 8.

Da er aber einem jeden *einzeln Menschen* sich nicht mehr offenbaren konnte, noch wollte: so wählte er sich ein *einzelnes Volk* zu seiner besondern Erziehung; und eben das ungeschliffenste, das verwildertste, um mit ihm ganz von vorne anfangen zu können.

§ 9.

Dies war das israelitische Volk, von welchem man gar nicht einmal weiß, was es für einen Gottesdienst in Ägypten hatte. Denn an dem Gottesdienste der Ägypter durften so verachtete Sklaven nicht teilnehmen: und der Gott seiner Väter war ihm gänzlich unbekannt geworden.

§ 10.

Vielleicht, daß ihm die Ägypter allen Gott, alle Götter ausdrücklich untersagt hatten; es in den Glauben gestürzt hatten, es habe gar keinen Gott, gar keine Götter; Gott, Götter haben, sei nur ein Vorrecht der bessern Ägypter: und das, um es mit so viel größerm Anscheine von Billigkeit tyrannisieren zu dürfen. – Machen Christen es mit ihren Sklaven noch itzt viel anders? –

§ 11.

Diesem rohen Volke also ließ sich Gott anfangs bloß als den Gott seiner Väter ankündigen, um es nur erst mit der Idee eines auch ihm zustehenden Gottes bekannt und vertraut zu machen.

§ 12.

Durch die Wunder, mit welchen er es aus Ägypten führte, und in Kanaan einsetzte, bezeugte er sich ihm gleich darauf als einen Gott, der mächtiger sei, als irgendein andrer Gott.

§ 13.

Und indem er fortfuhr, sich ihm als den Mächtigsten von allen zu bezeugen, – welches doch nur *einer* sein kann, – gewöhnte er es allmählich zu dem Begriffe des *Einigen*.

§ 14.

Aber wie weit war dieser Begriff des Einigen noch unter dem wahren transzendentalen Begriffe des Einigen, welchen die Vernunft so spät erst aus dem Begriff des Unendlichen mit Sicherheit schließen lernen!

§ 15.

Zu dem wahren Begriffe des Einigen – wenn sich ihm auch schon die Besserern des Volks mehr oder weniger näherten – konnte sich doch das Volk lange nicht erheben: und dieses war die einzige wahre Ursache, warum es so oft seinen Einigen Gott verließ, und den Einigen d. i. Mächtigsten, in irgendeinem andern Gotte eines andern Volks zu finden glaubte.

§ 16.

Ein Volk aber, das so roh, so ungeschickt zu abgezognen Gedanken war, noch so völlig in seiner Kindheit war, was war es für einer *moralischen* Erziehung fähig? Keiner andern, als die dem Alter der Kindheit entspricht. Der Erziehung durch unmittelbare sinnliche Strafen und Belohnungen.

[...]

§ 51.

Aber jedes Elementarbuch ist nur für ein gewisses Alter. Das ihm entwachsene Kind länger, als die Meinung gewesen, dabei zu verweilen, ist schädlich. Denn um dieses auf eine nur einigermaßen nützliche Art tun zu können, muß man mehr hineinlegen, als darin liegt; mehr hineintragen, als es fassen kann. Man muß der Anspielungen und Fingerzeige zu viel suchen und machen, die Allegorien zu genau ausschütteln, die Beispiele zu umständlich deuten, die Worte zu stark pressen. Das gibt dem Kinde einen kleinlichen, schiefen, spitzfindigen Verstand; das macht es geheimnisreich, abergläubisch, voll Verachtung gegen alles Faßliche und Leichte.

§ 52.

Die nämliche Weise, wie die Rabbinen ihre heiligen Bücher behandelten! Der nämliche Charakter, den sie dem Geiste ihres Volks dadurch erteilten!

§ 53.

Ein beßrer Pädagog muß kommen, und dem Kinde das erschöpfte Elementarbuch aus den Händen reißen. – Christus kam.

§ 54.

Der Teil des Menschengeschlechts, den Gott in *einen* Erziehungsplan hatte fassen wollen – er hatte aber nur denjenigen in einen fassen wollen, der durch Sprache, durch Handlung, durch Regierung, durch andere natürliche und politische Verhältnisse in sich bereits verbunden war – war zu dem zweiten großen Schritte der Erziehung reif.

§ 55.

Das ist: dieser Teil des Menschengeschlechts war in der Ausübung seiner Vernunft so weit gekommen, daß er zu seinen moralischen Handlungen edlere, würdigere Bewegungsgründe bedurfte und brauchen konnte, als zeitliche Belohnungen und Strafen waren, die ihn bisher geleitet hatten. Das Kind wird Knabe. Leckerei und Spielwerk weicht der aufkeimenden Begierde, ebenso frei, ebenso geehrt, ebenso glücklich zu werden, als es sein älteres Geschwister sieht.

§ 56.

Schon längst waren die Bessern von jenem Teile des Menschengeschlechts gewohnt, sich durch einen *Schatten* solcher edlern Bewegungsgründe regieren zu lassen. Um nach diesem Leben auch nur in dem Andenken seiner Mitbürger fortzuleben, tat der Grieche und Römer alles.

§ 57.

Es war Zeit, daß ein andres *wahres* nach diesem Leben zu gewärtigendes Leben Einfluß auf seine Handlungen gewönne.

§ 58.

Und so ward Christus der erste *zuverlässige, praktische* Lehrer der Unsterblichkeit der Seele.

§ 59.

Der erste *zuverlässige* Lehrer. – Zuverlässig durch die Weissagungen, die in ihm erfüllt schienen; zuverlässig durch die Wunder, die er verrichtete; zuverlässig durch seine eigene Wiederbelebung nach einem Tode, durch den er seine Lehre versiegelt hatte. Ob wir noch itzt diese Wiederbelebung, diese Wunder beweisen können: das lasse ich dahingestellt sein. So, wie ich es dahingestellt sein lasse, wer die Person dieses Christus gewesen. Alles das kann damals zur *Annehmung* seiner Lehre wichtig gewesen sein: itzt ist es zur Erkennung der Wahrheit dieser Lehre so wichtig nicht mehr.

§ 60.

Der erste *praktische* Lehrer. – Denn ein anders ist, die Unsterblichkeit der Seele, als eine philosophische Spekulation, vermuten, wünschen, glauben: ein anders, seine innern und äußern Handlungen darnach einrichten.

§ 61.

Und dieses wenigstens lehrte Christus zuerst. Denn ob es gleich bei manchen Völkern auch schon vor ihm eingeführter Glaube war, daß böse Handlungen noch in jenem Leben bestraft würden: so waren es doch nur solche, die der bürgerlichen Gesellschaft Nachteil brachten, und daher auch schon in der bürgerlichen Gesellschaft ihre Strafe hatten. Eine innere Reinigkeit des Herzens in Hinsicht auf ein andres Leben zu empfehlen, war ihm allein vorbehalten.

§ 62.

Seine Jünger haben diese Lehre getreulich fortgepflanzt. Und wenn sie auch kein ander Verdienst hätten, als daß sie einer Wahrheit, die Christus nur allein für die Juden bestimmt zu haben schien, einen allgemeinern Umlauf unter mehrern Völkern verschafft hätten: so wären sie schon darum unter die Pfleger und Wohltäter des Menschengeschlechts zu rechnen.

§ 63.

Daß sie aber diese eine große Lehre noch mit andern Lehren versetzten, deren Wahrheit weniger einleuchtend, deren Nutzen weniger erheblich war: wie konnte das anders sein? Laßt uns sie darum nicht schelten, sondern vielmehr mit Ernst untersuchen: ob nicht selbst diese beigemischten Lehren ein neuer *Richtungsstoß* für die menschliche Vernunft geworden.
[...]

§ 81.

Oder soll das menschliche Geschlecht auf diese höchste Stufen der Aufklärung und Reinigkeit nie kommen? Nie?

§ 82.

Nie? – Laß mich diese Lästerung nicht denken, Allgütiger! – Die Erziehung hat ihr *Ziel*; bei dem Geschlechte nicht weniger als bei dem Einzeln. Was erzogen wird, wird zu Etwas erzogen.

§ 83.

Die schmeichelnden Aussichten, die man dem Jünglinge eröffnet; die Ehre, der Wohlstand, die man ihm vorspiegelt: was sind sie mehr, als Mittel, ihn zum Manne zu erziehen, der auch dann, wenn diese Aussichten der Ehre und des Wohlstandes wegfallen, seine Pflicht zu tun vermögend sei.

§ 84.

Darauf zwecke die menschliche Erziehung ab: und die göttliche reiche dahin nicht? Was der Kunst mit dem Einzeln gelingt, sollte der Natur nicht auch mit dem Ganzen gelingen? Lästerung! Lästerung!

§ 85.

Nein; sie wird kommen, sie wird gewiß kommen, die Zeit der Vollendung, da der Mensch, je überzeugter sein Verstand einer immer bessern Zukunft sich fühlet, von dieser Zukunft gleichwohl Bewegungsgründe zu seinen Handlungen zu erborgen, nicht nötig haben wird; da er das Gute tun wird, weil es das Gute ist, nicht weil willkürliche Belohnungen darauf gesetzt sind, die seinen flatterhaften Blick ehedem bloß heften und stärken sollten, die innern bessern Belohnungen desselben zu erkennen.

§ 86.

Sie wird gewiß kommen, die Zeit eines *neuen ewigen Evangeliums*, die uns selbst in den Elementarbüchern des Neuen Bundes versprochen wird.
[...]

§ 91.

Geh deinen unmerklichen Schritt, ewige Vorsehung! Nur laß mich dieser Unmerklichkeit wegen an dir nicht verzweifeln. – Laß mich an dir nicht verzweifeln, wenn selbst deine Schritte mir scheinen sollten, zurückzugehen! – Es ist nicht war, daß die kürzeste Linie immer die gerade ist.

Aus: Lessings Werke, hrsg. v. Kurt Wölfel, Bd. 3, Insel Verlag, Frankfurt a. M., 1967, S. 544–547, 555–557, 560–561, 562.

Unterrichtsverlauf

Ich stelle eine Besprechung der ‚Erziehung des Menschengeschlechts' an das Ende der ‚Nathan'-Behandlung, weil Lessing hier im geschichtsphilosophisch-theologischen Gewande nochmals seine utopische Version, wie sie das Schlußbild des ‚Nathan' vorstellt, wiederaufgreift und modifiziert.

Ein Eingehen auf alle 100 §§ der Schrift erscheint mir jedoch zu zeitraubend. Außerdem setzt die Schrift eigentlich gute Bibelkenntnisse und Kenntnisse christlicher Dogmatik voraus, zwei Voraussetzungen, die heute Schüler nicht unbedingt mitbringen. So müßten Kürzungen vorgenommen werden. Sinnvoll erscheint mir eine Kürzung auf § 1–16, 51–63 und 81–86, 91.

Phase 1:
Lessings Vorannahmen

Zunächst sollte der gekürzte Text (s. S. 83 ff.) von einem Schüler vorgelesen, danach nochmals von den Schülern in Ruhe ein zweites Mal gelesen werden, um die Textkenntnis besser abzusichern. In einem ersten Gespräch über den ganzen Text wird in aller Vorläufigkeit abgeklärt, welche Intention Lessing mit seiner Abhandlung verfolgte. Er will – so ließe sich in einem Satz sein Vorhaben umschreiben – die Entwicklung des Menschengeschlechts beschreiben.

Bei entsprechender philosophischer Vorbildung können die Schüler den Text als geschichtsphilosophische Abhandlung werten, und falls ihnen die drei Grundformen weltgeschichtlicher Betrachtung (Ideen des Kreislaufs, Fortschritts und der dialektischen Entwicklung) geläufig sind, können sie sogleich anhand des Titels der Lessingschen Schrift die Abhandlung unter jene Schriften subsummieren, in denen Geschichte als ein Prozeß des Fortschritts gedeutet wird. Fehlt den Schülern eine solche philosophische Vorbildung, dürfte auch eine Auswertung des Titels und der ersten Paragraphen ausreichen, die Voraussetzungen, die Lessing implizit und explizit in der ‚Erziehung des Menschengeschlechts' macht, im Gespräch zusammenzutragen. Diese Voraussetzungen sind im einzelnen: 1) Geschichte hat ein Ziel, auf das hin sie sich entwickelt. 2) Die Geschichte des Menschengeschlechts ist eine Geschichte steter Vervollkommnung. 3) Die geschichtliche Entwicklung läßt sich in einzelne Phasen einteilen. 4) Die Phasen der Entwicklung des Menschengeschlechts sind analog den Phasen der Entwicklung des einzelnen Menschen. 5) Der Erziehung des einzelnen Menschen entspricht die Offenbarung bei dem ganzen Menschengeschlecht.

Phase 2:
Moralische Vervollkommnung

Vor einer Stillarbeitsphase ist nochmals Lessings These von der Geschichte des Menschengeschlechts als einem Prozeß steter Vervollkommnung aufzugreifen und dahingehend zu präzisieren, daß Lessing hierbei eine moralische Höherentwicklung gemeint hat. Für die Stillarbeit gilt nun, die einzelnen Stadien dieser moralischen Entwicklung zu bestimmen (Gut-Handeln aufgrund von Strafe und Belohnung, Gut-Handeln aufgrund eines Wissens um die Unsterblichkeit der Seele, Gut-Handeln um des Guten willen). Eine weitere Aufgabe der Stillarbeit ist es, die Gleichsetzung dieser drei Phasen der moralischen Entwicklung mit dem Alten, dem Neuen Testament und dem Neuen Evangelium herauszuarbeiten. Die Ergebnisse der Stillarbeit können in einem übersichtlichen Tafelbild, wie es auf dem losen Stundenblatt ist, festgehalten werden, ergänzt um die Analogisierung der Menschheits- und Menschenentwicklung (Kind, Knabe, Mann).

Phase 3:
Lessings Provokation

In einem abschließenden Gespräch wäre nun noch zu erarbeiten, worin das Provokative der ‚Erziehungs'-Schrift für den zeitgenössischen Leser des 18. Jahrhunderts gelegen haben dürfte. Es bedarf hier sicherlich gezielter Hinweise des Unterrichtenden, damit die Schüler erkennen können, daß es im 18. Jahrhundert anstößig war, die Offenbarungswahrheiten ganz in Vernunftwahrheiten aufgehen zu lassen. Der Unterschied zwischen beiden besteht darin, daß erstere den Menschen schneller und sicherer darauf führen, worauf er mittels seiner Vernunft auch selbst hätte kommen können. Lessing dagegen leugnet Glaubenswahrheiten, die über die Vernunft hinausgehen und deshalb hätten von Gott geoffenbart werden müssen. Außerdem ist die Schrift eine Provokation durch die Aussagen über Christus – reduziert er doch hier seine Bedeutung auf die eines ersten praktischen Lehrers der Unsterblichkeit. Von der Gottessohnschaft oder der Erlöserfunktion ist nicht mehr die Rede. Und schließlich dürfte auch die zeitgenössische Orthodoxie daran Anstoß genommen haben, daß mit der Zeit eines neuen ewigen Evangeliums das Stadium des Neuen Testamentes überwunden ist. Allerdings beläßt Lessing die Aussagen über die dritte Phase der Entwicklung ganz im Ungefähren, damit ihren utopischen Charakter andeutend.

Phase 4:
„Erziehung des Menschengeschlechts" im
Vergleich mit anderen Texten

Mit dem utopischen Schluß dieser Abhandlung ergibt sich nochmals die Möglichkeit, Verbindungen zu bislang gelesenen Texten zu ziehen. Einige dieser Parallelen sind:
Wie Gott die Menschen erzieht, erzieht Nathan die Menschen in seiner nächsten Umgebung. Der utopische Schluß der Abhandlung findet sich wieder in dem utopischen Schlußbild des ‚Nathan', in

dem jeder den anderen schätzt um seiner selbst willen.
Wie sich die Handlung im ‚Nathan' als nicht ganz gradlinig erweist, verläuft auch die Erziehung des Menschengeschlechts teilweise auf Irrwegen, die aber doch die göttliche Vorsehung erkennen lassen. Schließlich erinnert Lessings These, daß sich die Offenbarungs- in Vernunftwahrheiten aufheben lassen, an den religiösen Unterricht, den Nathan Recha erteilt hat bzw. an Aussagen Mendelssohns in seinem Schreiben an Lavater. Und eine letzte Parallele läßt sich zwischen Lessings Abhandlung und der Kants ziehen, da beide Geschichte als einen Prozeß steter Aufklärung bzw. Vervollkommnung des Menschen oder der Menschheit begreifen. Für beide bedeutet Geschichte einen Zuwachs an erarbeiteter Autonomie des Subjekts.

Hausaufgabe:
Die Schüler sollen für die nächste Stunde Schillers Rede „Was kann eine gute stehende Schaubühne eigentlich wirken?" (s. S. 89 ff.) lesen und die ihnen unbekannten Begriffe und Namen nachschlagen.

Friedrich Schiller:
Was kann eine gute stehende Schaubühne eigentlich wirken?

Eine Vorlesung, gehalten zu Mannheim in der öffentlichen Sitzung der kurpfälzischen deutschen Gesellschaft am 26sten des Junius 1784. von F. Schiller, Mitglied dieser Gesellschaft, und herzogl. Weimarischen Rath.

Ein allgmeiner unwiderstehlicher Hang nach dem neuen und außerordentlichen, ein Verlangen, sich in einem leidenschaftlichen Zustande zu fühlen, hat, nach Sulzers Ausdruck, die Bühne hervorgebracht. Erschöpft von den höhern Anstrengungen des Geistes, ermattet von den einförmigen, oft niederdrückenden Geschäften des Berufs, und von Sinnlichkeit gesättigt, mußte der Mensch eine Leerheit in seinem Wesen fühlen, die dem ewigen Trieb nach Thätigkeit zuwider war. Unsre Natur, gleich unfähig, länger im Zustand des Thiers fortzudauern, als die feinern Arbeiten des Verstands fortzusezen, verlangte einen mittleren Zustand, der beide widersprechenden Enden vereinigte, die harte Spannung zu sanfter Harmonie herabstimmte, und den wechselweisen Uebergang eines Zustands in den andern erleichterte. Diesen Nuzen leistet überhaupt nun der ästhetische Sinn, oder das Gefühl für das Schöne. Da aber eines weisen Gesezgebers erstes Augenmerk seyn muß, unter zwo Wirkungen die höchste heraus zu lesen, so wird er sich nicht begnügen, die Neigungen seines Volks nur entwaffnet zu haben; er wird sie auch, wenn es irgend nur möglich ist, als Werkzeuge höherer Plane gebrauchen, und in Quellen von Glückseligkeit zu verwandeln bemüht seyn, und darum wählte er vor allen andern die Bühne, die dem nach Thätigkeit dürstenden Geist einen unendlichen Krais eröfnet, jeder Seelenkraft Nahrung gibt, ohne eine einzige zu überspannen, und die Bildung des Verstands und des Herzens mit der edelsten Unterhaltung vereinigt.

Derjenige, welcher zuerst die Bemerkung machte, daß eines Staats festeste Säule Religion sei – daß ohne sie die Geseze selbst ihre Kraft verlieren, hat vielleicht, ohne es zu wollen oder zu wissen, die Schaubühne von ihrer edelsten Seite vertheidigt. Eben diese Unzulänglichkeit, diese schwankende Eigenschaft der politischen Geseze, welche dem Staat die Religion unentbehrlich macht, bestimmt auch den ganzen Einfluß der Bühne. Geseze, wollte er sagen, drehen sich nur um verneinende Pflichten – Religion dehnt ihre Forderungen auf wirkliches Handeln aus. Geseze hemmen nur Wirkungen die den Zusammenhang der Gesellschaft auflösen – Religion befiehlt solche, die ihn inniger machen. Jene herrschen nur über die offenbaren Aeusserungen des Willens, nur Thaten sind ihnen unterthan – diese sezt ihre Gerichtsbarkeit bis in die verborgensten Winkel des Herzens fort, und verfolgt den Gedanken bis an die innerste Quelle. Geseze sind glatt und geschmeidig, wandelbar wie Laune und Leidenschaft – Religion bindet streng und ewig. Wenn wir nun aber auch voraussezen wollten, was nimmermehr ist – wenn wir der Religion diese große Gewalt über jedes Menschenherz einräumen, wird sie oder kann sie die ganze Bildung vollenden? – Religion (ich trenne hier ihre politische Seite von ihrer göttlichen) Religion wirkt im Ganzen mehr auf den sinnlichen Theil des Volks – sie wirkt vielleicht durch das Sinnliche allein so unfehlbar. Ihre Kraft ist dahin, wenn wir ihr dieses nehmen – und wodurch wirkt die Bühne? Religion ist dem größern Theile der Menschen nichts mehr, wenn wir ihre Bilder, ihre Probleme vertilgen, wenn wir ihre Gemählde von Himmel und Hölle zernichten – und doch sind es nur Gemählde der Phantasie, Räzel ohne Auflösung, Schreckbilder und Lockungen aus der Ferne. Welche Verstärkung für Religion und Geseze, wenn sie mit der Schaubühne in Bund treten, wo Anschauung und lebendige Gegenwart ist, wo Laster und Tugend, Glückseligkeit und Elend, Thorheit und Weißheit in tausend Gemählden faßlich und wahr an den Menschen vorübergehen, wo die Vorsehung ihre Räzel auflößt, ihren Knoten vor seinen Augen entwickelt, wo das menschliche Herz auf den Foltern der Leidenschaft seine leisesten Regungen beichtet, alle Larven fallen, alle Schminke verfliegt, und die Wahrheit unbestechlich wie Rhadamanthus Gericht hält.

Die Gerichtsbarkeit der Bühne fängt an, wo das Gebiet der weltlichen Geseze sich endigt. Wenn die Gerechtigkeit für Gold verblindet, und im Solde der Laster schwelgt, wenn die Frevel der Mächtigen ihrer Ohnmacht spotten, und Menschenfurcht den Arm der Obrigkeit bindet, übernimmt die Schaubühne Schwerd und Waage, und reißt die Laster vor einen schrecklichen Richterstuhl.

Das ganze Reich der Phantasie und Geschichte, Vergangenheit und Zukunft stehen ihrem Wink zu Gebot. Kühne Verbrecher, die längst schon im Staub vermodern, werden durch den allmächtigen Ruf der Dichtkunst jezt vorgeladen, und wiederholen zum schauervollen Unterricht der Nachwelt ein schändliches Leben. Ohnmächtig, gleich den Schatten in einem Hohlspiegel wandeln die Schrecken ihres Jahrhunderts vor unsern Augen vorbei, und mit wollüstigem Entsezen verfluchen wir ihr Gedächtniß. Wenn keine Moral mehr gelehrt wird, keine Religion mehr Glauben findet, wenn kein Gesez mehr vorhanden ist, wird uns Medea noch anschauen, wenn sie die Treppen des Pallastes herunter wankt, und der Kindermord jezt geschehen ist. Heilsame Schauer werden die Menschheit ergreifen, und in der Stille wird jeder sein gutes Gewissen preißen, wenn Lady Makbeth, eine schreckliche Nachwandlerin, ihre Hände wäscht, und alle Wohlgerüche Arabiens herbeiruft, den häßlichen Mordgeruch zu vertilgen. Wer von uns sah ohne Beben zu, wen durchdrang nicht lebendige Glut zur Tugend, brennender Haß des Lasters, als, aufgeschröckt aus Träumen der Ewigkeit, von den Schrecknissen des nahen Gerichts umgeben, Franz von Moor aus dem Schlummer sprang, als er, die Donner des erwachten Gewissens zu übertäuben, Gott aus der Schöpfung läugnete, und seine gepreßte Brust, zum lezten Gebete vertrocknet, in frechen Flüchen sich Luft machte? – – Es ist nicht Uebertreibung, wenn man behauptet, daß diese auf der Schaubühne aufgestellten Gemählde mit der Moral des gemeinen Mannes endlich in eines zusammen fließen, und in einzelnen Fällen seine Empfindung bestimmen. Ich selbst bin mehr als einmal ein Zeuge gewesen, als man seinen ganzen Abscheu vor schlechten Thaten in dem Scheltwort zusammenhäufte: Der Mensch ist ein Franz Moor. Diese Eindrücke sind unauslöschlich, und bei der leisesten Berührung steht das ganze abschröckende Kunstgemählde im Herzen des Menschen wie aus dem Grabe auf. So gewiß sichtbare Darstellung mächtiger wirkt, als toder Buchstabe und kalte Erzählung, so gewiß wirkt die Schaubühne tiefer und dauernder als Moral und Geseze.

Aber hier unterstüzt sie die weltliche Gerechtigkeit nur – ihr ist noch ein weiteres Feld geöffnet. Tausend Laster, die jene ungestraft duldet, straft sie; tausend Tugenden, wovon jene schweigt, werden von der Bühne empfohlen. Hier begleitet sie die Weisheit und die Religion. Aus dieser reinen Quelle schöpft sie ihre Lehren und Muster, und kleidet die strenge Pflicht in ein reizendes lockendes Gewand. Mit welch herrlichen Empfindungen, Entschlüssen, Leidenschaften schwellt sie unsere Seele, welche göttliche Ideale stellt sie uns zur Nacheiferung aus! – Wenn der gütige August dem Verräther Cinna, der schon den tödlichen Spruch auf seinen Lippen zu lesen meint, groß wie seine Götter, die Hand reicht: „Laß uns Freunde seyn Cinna!" – Wer unter der Menge wird in dem Augenblick nicht gern seinem Todfeind die Hand drücken wollen, dem göttlichen Römer zu gleichen? – Wenn Franz von Sickingen, auf dem Wege einen Fürsten zu züchtigen und für fremde Rechte zu kämpfen, unversehens hinter sich schaut, und den Rauch aufsteigen sieht von seiner Veste, wo Weib und Kind hilflos zurückblieben, und er – weiter zieht, Wort zu halten – wie groß wird mir da der Mensch, wie klein und verächtlich das gefürchtete unüberwindliche Schicksal!

Eben so häßlich, als liebenswürdig die Tugend, mahlen sich die Laster in ihrem furchtbaren Spiegel ab. Wenn der hilflose kindische Lear in Nacht und Ungewitter vergebens an das Haus seiner Töchter pocht, wenn er sein weißes Haar in die Lüfte streut, und den tobenden Elementen erzählt, wie unnatürlich seine Regan gewesen, wenn sein wütender Schmerz zulezt in den schrecklichen Worten von ihm strömt: „Ich gab euch Alles!" – Wie abscheulich zeigt sich uns da der Undank? Wie feierlich geloben wir Ehrfurcht und kindliche Liebe! – Unsre Schaubühne hat noch eine große Eroberung ausstehen, von deren Wichtigkeit erst der Erfolg sprechen wird. Shakespears Timon von Athen ist, so weit ich mich besinnen kann, noch auf keiner deutschen Bühne erschienen, und, so gewiß ich den Menschen vor allem andern zuerst im Shakespear aufsuche, so gewiß weiß ich im ganzen Shakespear kein Stück, wo er wahrhaftiger vor mir stünde, wo er lauter und beredter zu meinem Herzen spräche, wo ich mehr Lebensweißheit lernte, als im Timon von Athen. Es ist wahres Verdienst um die Kunst, dieser Goldader nachzugraben.

Aber der Wirkungskrais der Bühne dehnt sich noch weiter aus. Auch da, wo Religion und Geseze es unter ihrer Würde achten, Menschenempfindungen zu begleiten, ist sie für unsere Bildung noch geschäftig. Das Glück der Gesellschaft wird eben so sehr durch Thorheit als durch Verbrechen und Laster gestört. Eine Erfahrung lehrt es, die so alt ist als die Welt, daß im Gewebe menschlicher Dinge oft die grösten Gewichte an den kleinsten und zärtesten Fäden hangen, und, wenn wir Handlungen zu ihrer Quelle zurückbegleiten, wir zehenmal lächeln müßen, ehe wir uns einmal entsezen. Mein Verzeichniß von Bösewichtern wird mit jedem Tage, den ich älter werde, kürzer, und mein Register von Thoren vollzähliger und länger. Wenn die ganze moralische Verschuldung des einen Geschlechtes aus einer und eben der Quelle hervorspringt, wenn alle die ungeheuren Extreme von Laster, die es jemals gebrandmarkt haben, nur veränderte Formen, nur höhere Grade einer Eigenschaft sind, die wir zulezt alle einstimmig belächeln und lieben, warum sollte die Natur bei dem andern Geschlechte nicht die nämliche Wege gegangen seyn? Ich kenne nur ein Geheimniß, den Menschen vor Verschlimmerung zu bewahren, und dieses ist – sein Herz gegen Schwächen zu schüzen.

Einen großen Theil dieser Wirkung können wir von der Schaubühne erwarten. Sie ist es, die der großen Klasse von Thoren den Spiegel vorhält, und die tausendfachen Formen derselben mit heilsamem Spott beschämt. Was sie oben durch Rührung und Schrecken wirkte, leistet sie hier, (schneller vielleicht, und unfehlbarer) durch Scherz und Satire. Wenn wir es unternehmen wollten, Lustspiel und Trauerspiel nach dem Maas der erreichten Wirkung zu schäzen, so würde vielleicht die Erfahrung dem ersten den Vorrang geben. Spott und Verachtung verwunden den Stolz des Menschen empfindlicher, als Verabscheuung sein Gewissen foltert. Vor dem Schrecklichen verkriecht sich unsre Faigheit, aber eben diese Faigheit überliefert uns dem Stachel der Satire. Gesez und Gewissen schüzen uns oft für Verbrechen und Lastern – Lächerlichkeiten verlangen einen eigenen feinern Sinn, den wir nirgends mehr als vor dem Schauplaze üben. Vielleicht, daß wir einen Freund bevollmächtigen unsre Sitten und unser Herz anzugreifen, aber es kostet uns Mühe, ihm ein einziges Lachen zu vergeben. Unsre Vergehungen ertragen einen Aufseher und Richter, unsre Unarten kaum einen Zeugen – Die Schaubühne allein kann unsre Schwächen belachen, weil sie unsrer Empfindlichkeit schont, und den schuldigen Thoren nicht wissen will – Ohne roth zu werden sehen wir unsre Larve aus ihrem Spiegel fallen, und danken insgeheim für die sanfte Ermahnung.

Aber ihr großer Wirkungskrais ist noch lange nicht geendigt. Die Schaubühne ist mehr als jede andere öffentliche Anstalt des Staats eine Schule der praktischen Weißheit, ein Wegweiser durch das bürgerliche Leben, ein unfehlbarer Schlüssel zu den geheimsten Zugängen der menschlichen Seele. Ich gebe zu, daß Eigenliebe und Abhärtung des Gewissens nicht selten ihre beste Wirkung vernichten, daß sich noch tausend Laster mit frecher Stirne vor ihrem Spiegel behaupten, tausend gute Gefühle vom kalten Herzen des Zuschauers fruchtlos zurückfallen – ich selbst bin der Meinung, daß vielleicht Molieres Harpagon noch keinen Wucherer besserte, daß der Selbstmörder Beverlei noch wenige seiner Brüder von der abscheulichen Spielsucht zurückzog, daß Karl Moors unglückliche Räubergeschichte die Landstrassen nicht viel sicherer machen wird – aber wenn wir auch diese große Wirkung der Schaubühne einschränken, wenn wir so ungerecht seyn wollen, sie gar aufzuheben – wie unendlich viel bleibt noch von ihrem Einfluß zurück? Wenn sie die Summe der Laster weder tilgt noch vermindert, hat sie uns nicht mit denselben bekannt gemacht? Mit diesen Lasterhaften, diesen Thoren müssen wir leben. Wir müßen ihnen ausweichen oder begegnen; wir müßen sie untergraben, oder ihnen unterliegen. Jezt aber überraschen sie uns nicht mehr. Wir sind auf ihre Anschläge vorbereitet. Die Schaubühne hat uns das Geheimniß verrathen, sie ausfündig und unschädlich zu machen. Sie zog dem Heuchler die künstliche Maske ab, und entdeckte das Nez, womit uns List und Kabale umstrickten. Betrug und Falschheit riß sie aus krummen Labirinthen hervor, und zeigte ihr schreckliches Angesicht dem Tag. Vielleicht, daß die sterbende Sara nicht einen Wollüstling schröckt, daß alle Gemählde gestrafter Verführung seine Glut nicht erkälten, und daß selbst die verschlagene Spielerin diese Wirkung ernstlich zu verhüten bedacht ist – glücklich genug, daß die arglose Unschuld jezt seine Schlingen kennt, daß die Bühne sie lehrte, seinen Schwüren mistrauen, und vor seiner Anbetung zittern.

Nicht blos auf Menschen und Menschenkarakter, auch auf Schicksale macht uns die Schaubühne aufmerksam, und lehrt uns die große Kunst, sie zu ertragen. Im Gewebe unsers Lebens spielen Zufall und Plan eine gleich große Rolle; den leztern lenken wir, dem erstern müssen wir uns blind unterwerfen. Gewinn genug, wenn unausbleibliche Verhängnisse uns nicht ganz ohne Fassung finden, wenn unser Muth, unsre Klugheit sich einst schon in ähnlichen übten, und unser Herz zu dem Schlag sich gehärtet hat. Die Schaubühne führt uns eine mannichfaltige Szene menschlicher Leiden vor. Sie zieht uns künstlich in fremde Bedrängnisse, und belohnt uns das augenblickliche Leiden mit wollüstigen Thränen, und einem herrlichen Zuwachs an Muth und Erfahrung. Mit ihr folgen wir der verlassenen Ariadne durch das wiederhallende Naxos, steigen mit ihr in den Hungerthurm Ugolinos hinunter, betreten mit ihr das entsezliche Blutgerüste, und behorchen mit ihr die feierliche Stunde des Todes. Hier hören wir, was unsre Seele in leisen Ahndungen fühlte, die überraschte Natur laut und unwidersprechlich bekräftigen. Im Gewölbe des Towrs verläßt den betrogenen Liebling die Gunst seiner Königin – Jezt da er sterben soll, entfliegt dem geängstigten Moor seine treulose sophistische Weißheit. Die Ewigkeit entläßt einen Todten, Geheimnisse zu offenbaren, die kein Lebendiger wissen kann, und der sichere Bösewicht verliert seinen lezten gräßlichen Hinterhalt, weil auch Gräber noch ausplaudern.

Aber nicht genug, daß uns die Bühne mit Schicksalen der Menschheit bekannt macht, sie lehrt uns auch gerechter gegen den Unglücklichen seyn, und nachsichtsvoller über ihn richten. Dann nur, wenn wir die Tiefe seiner Bedrängnisse ausmessen, dörfen wir das Urtheil über ihn aussprechen. Kein Verbrechen ist schändender, als das Verbrechen des Diebs – aber mischen wir nicht alle eine Thräne des Mitleids in unsern Verdammungsspruch, wenn wir uns in den schrecklichen Drang verlieren, worinn Eduard Ruhberg die That vollbringt? – Selbstmord wird allgemein als Frevel verabscheut; wenn aber, bestürmt von den Drohungen eines wütenden Vaters, bestürmt von Liebe, von der Vorstellung schrecklicher Klostermauren, Mariane den Gift trinkt, wer von uns will der erste seyn, der über dem beweinenswürdigen Schlachtopfer einer verruchten Maxime den Stab bricht? – Menschlichkeit und Duldung fangen an der herrschende Geist unsrer Zeit zu werden; ihre Stralen sind bis in die Gerichtssäle, und noch weiter – in das Herz unsrer Fürsten gedrungen. Wie viel Antheil an diesem göttlichen Werk gehört unsern Bühnen? Sind sie es nicht, die den Menschen mit dem Menschen bekannt machten, und das geheime Räderwerk aufdeckten, nach welchem er handelt?

Eine merkwürdige Klasse von Menschen hat Ursache, dankbarer als alle übrigen gegen die Bühne zu seyn. Hier nur hören die Großen der Welt, was sie nie oder selten hören – Wahrheit; was sie nie oder selten sehen, sehen sie hier – den Menschen.

So groß und vielfach ist das Verdienst der bessern Bühne um die sittliche Bildung; kein geringeres gebührt ihr um die ganze Aufklärung des Verstandes. Eben hier in dieser höhern Späre weiß der große Kopf, der feurige Patriot sie erst ganz zu gebrauchen.

Er wirft einen Blick durch das Menschengeschlecht, vergleicht Völker mit Völkern, Jahrhunderte mit Jahrhunderten, und findet, wie sklavisch die größere Masse des Volks an Ketten des Vorurtheils und der Meinung gefangen liegt, die seiner Glückseligkeit ewig entgegen arbeiten – daß die reinern Stralen der Wahrheit nur wenige einzelne Köpfe beleuchten, welche den kleinen Gewinn vielleicht mit dem Aufwand eines ganzen Lebens erkauften. Wodurch kann der weise Gesezgeber die Nation derselben theilhaftig machen?

Die Schaubühne ist der gemeinschaftliche Kanal, in welchen von dem denkenden bessern Theile des Volks das Licht der Weißheit herunterströmt, und von da aus in mildern Stralen durch den ganzen Staat sich verbreitet. Richtigere Begriffe, geläuterte Grundsäze, reinere Gefühle fließen von hier durch alle Adern des Volks; der Nebel der Barbarei, des finstern Aberglaubens verschwindet, die Nacht weicht dem siegenden Licht. Unter so vielen herrlichen Früchten der bessern Bühne will ich nur zwo auszeichnen. Wie allgemein ist nur seit wenigen Jahren die Duldung der Religionen und Sekten geworden? – Noch ehe uns Nathan der Jude, und Saladin der Sarazene beschämten, und die göttliche Lehre uns predigten, daß Ergebenheit in Gott von unserm Wähnen über Gott so gar nicht abhängig sei – ehe noch Joseph der zweite, die fürchterliche Hyder des frommen Haßes bekämpfte, pflanzte die Schaubühne Menschlichkeit und Sanftmuth in unser Herz, die abscheulichen Gemählde heidnischer Pfaffenwuth lehrten uns Religionshaß vermeiden – in diesem schrecklichen Spiegel wusch das Christenthum seine Flecken ab. Mit eben so glücklichem Erfolge würden sich von der Schaubühne Irrthümer der Erziehung bekämpfen lassen; das Stück ist noch zu hoffen, wo dieses merkwürdige Thema behandelt wird. Keine Angelegenheit ist dem Staat durch ihre Folgen so wichtig als diese, und doch ist keine so Preiß gegeben, keine dem Wahne, dem Leichtsinn des Bürgers so uneingeschränkt anvertraut, wie es diese ist. Nur die Schaubühne könnte die unglücklichen Schlachtopfer vernachläßigter Erziehung in rührenden erschütternden Gemählden an ihm vorüber führen; hier könnten unsre Väter eigensinnigen Maximen entsagen, unsre Mütter vernünftiger lieben lernen. Falsche Begriffe führen das beste Herz des Erziehers irre; desto schlimmer, wenn sie sich noch mit Methode brüsten, und den zarten Schößling in Philanthropinen und Gewächshäusern systematisch zu Grund richten. Der gegenwärtig herrschende Kizel, mit Gottes Geschöpfen Christmarkt zu spielen, diese berühmte Raserei, Menschen zu drechseln, und es Deukalion gleich zu thun, (mit dem Unterschied freilich, daß man aus Menschen nunmehr Steine macht, wie jener aus Steinen Menschen) verdiente es mehr als jede andere Ausschweifung der Vernunft den Geißel der Satire zu fühlen.

Nicht weniger ließen sich – verstünden es die Oberhäupter und Vormünder des Staats – von der Schaubühne aus, die Meinungen der Nation über Regierung und Regenten zurechtweisen. Die gesezgebende Macht spräche hier durch fremde Symbolen zu dem Unterthan, verantwortete sich gegen seine Klagen, noch ehe sie laut werden, und bestäche seine Zweifelsucht, ohne es zu scheinen. So gar Industrie und Erfindungsgeist könnten und würden vor dem Schauplaze Feuer fangen, wenn die Dichter es der Mühe werth hielten Patrioten zu seyn, und der Staat sich herablassen wollte, sie zu hören.

Unmöglich kann ich hier den großen Einfluß übergehen, den eine gute stehende Bühne auf den Geist der Nation haben würde. Nationalgeist eines Volks nenne ich die Aehnlichkeit und Uebereinstimmung seiner Meinungen und Neigungen bei Gegenständen, worüber eine andere Nation anders meint und empfindet. Nur der Schaubühne ist es möglich, diese Uebereinstimmung in einem hohen Grad zu bewirken, weil sie das ganze Gebieth des menschlichen Wissens durchwandert, alle Situationen des Lebens erschöpft, und in alle Winkel des Herzens hinunter leuchtet; weil sie alle Stände und Klassen in sich vereinigt, und den gebahntesten Weg zum Verstande und zum Herzen hat. Wenn in allen unsern Stücken ein Hauptzug herrschte, wenn unsre Dichter unter sich einig werden, und einen festen Bund zu diesem Endzweck errichten wollten – wenn strenge Auswahl ihre Arbeiten leitete, ihr Pinsel nur Volksgegenständen sich weihte – mit einem Wort, wenn wir es erlebten eine Nationalbühne zu haben, so würden wir auch eine Nation. Was kettete Griechenland so fest aneinander? Was zog das Volk so unwiderstehlich nach seiner Bühne? – Nichts anders als der vaterländische Inhalt der Stücke, der griechische Geist, das große überwältigende Interesse des Staats, der besseren Menschheit, das in denselbigen athmete.

Noch ein Verdienst hat die Bühne – ein Verdienst, das ich jezt um so lieber in Anschlag bringe, weil ich vermuthe, daß ihr Rechtshandel mit ihren Verfolgern ohnehin schon gewonnen seyn wird. Was bis hierher zu beweisen unternommen worden, daß sie auf Sitten und Aufklärung wesentlich wirke, war zweifelhaft – daß sie unter allen Erfindungen des Luxus, und allen Anstalten zur gesellschaftlichen Ergözlichkeit den Vorzug verdiene, haben selbst ihre Feinde gestanden. Aber was sie hier leistet ist wichtiger, als man gewohnt ist zu glauben.

Die menschliche Natur erträgt es nicht, ununterbrochen und ewig auf der Folter der Geschäfte zu liegen, die Reize der Sinne sterben mit ihrer Befriedigung. Der Mensch, überladen von thierischem Genuß, der langen Anstrengung müde, vom ewigen Triebe nach Thätigkeit gequält, dürstet nach bessern auserlesnern Vergnügungen, oder stürzt zügelloß in wilde Zerstreuungen, die seinen Hinfall beschleunigen, und die Ruhe der Gesellschaft zerstören. Bacchantische Freuden, verderbliches Spiel, tausend Rasereien, die der Müßiggang aushekt sind unvermeidlich, wenn der Gesezgeber diesen Hang des Volks nicht zu lenken weiß. Der Mann von Geschäften ist in Gefahr, ein Leben, das er dem Staat so großmüthig hinopferte, mit dem unseligen Spleen abzubüßen – der Gelehrte zum dumpfen Pedanten herabzusinken – der Pöbel zum Thier. Die Schaubühne ist die Stiftung, wo sich Vergnügen mit Unterricht, Ruhe mit Anstrengung, Kurzweil mit Bildung gattet, wo keine Kraft der Seele zum Nachtheil der andern gespannt, kein Vergnügen auf Unkosten des Ganzen genoßen wird. Wenn Gram an dem Herzen nagt, wenn trübe Laune unsre einsame Stunden vergiftet, wenn uns Welt und Geschäfte anekeln, wenn tausend Lasten unsre Seele drücken, und unsre Reizbarkeit unter Arbeiten des Berufs zu ersticken droht, so empfängt uns die Bühne – in dieser künstlichen Welt träumen wir die wirkliche hinweg, wir werden uns selbst wieder gegeben, unsre Empfindung erwacht, heilsame Leidenschaften erschüttern unsre schlummernde Natur, und treiben das Blut in frischeren Wallungen. Der Unglücklichere weint hier mit fremdem Kummer seinen eigenen aus, – der Glückliche wird nüchtern, und der Sichere besorgt. Der empfindsame Weichling härtet sich zum Manne, der rohe Unmensch fängt hier zum erstenmal zu empfinden an. Und dann endlich – welch ein Triumph für dich, Natur – so oft zu Boden getretene, so oft wieder auferstehende Natur – wenn Menschen aus allen Kraisen und Zonen und Ständen, abgeworfen jede Fessel der Künstelei und der Mode, herausgerissen aus jedem Drange des Schicksals, durch eine allwebende Sympathie verbrüdert, in Ein Geschlecht wieder aufgelößt, ihrer selbst und der Welt vergessen, und ihrem himmlischen Ursprung sich nähern. Jeder Einzelne genießt die Entzükkungen aller, die verstärkt und verschönert aus hundert Augen auf ihn zurück fallen, und seine Brust giebt jezt nur Einer Empfindung Raum – es ist diese: ein Mensch zu seyn.

Aus: Schillers Werke (Nationalausgabe) 20. Bd. Philosophische Schriften, I. Teil. Unter Mitwirkung v. Helmut Koopmann hrsg. v. Benno v. Wiese, Weimar 1962

17. Stunde:
Die Wirkung des Theaters: Schillers ‚Was kann eine gute stehende Schaubühne eigentlich wirken?'

Sachinformation

Die Inanspruchnahme der Literatur durch das Bürgertum als neue soziale und kulturelle Trägerschicht bedingt eine verstärkte poetologische Reflexion, deren Aufgabe es ist, die neue Funktion der Literatur zu durchdenken, zu legitimieren und Anweisungen zu ihrer Konstruktion zu geben. Dies gilt insbesondere für das Drama, verspricht man sich doch gerade von ihm eine große erzieherische Einflußnahme auf die Öffentlichkeit. Zeugnis legen dafür ab die entsprechenden Kapitel aus Gottscheds ‚Versuch einer critischen Dichtkunst vor die Deutschen', die Schriften J. E. Schlegels, Lessings Briefwechsel mit Mendelssohn und Nicolai über das bürgerliche Trauerspiel, seine ‚Hamburgische Dramaturgie', aber auch Schillers Abhandlung über die ‚Schaubühne als moralische Anstalt betrachtet'.

Ich wähle Schillers Abhandlung aus, weil sie in besonderem Maße erlaubt, die Behandlung eines Dramas der Aufklärungszeit abzuschließen, zumal Schiller selbst den ‚Nathan' als eines seiner Beispiele heranziehen wird. Außerdem bietet Schillers zunächst als Rede formulierter Text die Möglichkeit, wichtige Vorstellungen der Aufklärung ein weiteres Mal zu rekapitulieren, denn Schiller teilt mit den Aufklärern die Vorstellung eines erzieherischen Optimismus, scheidet zwischen (bürgerlicher) Moral und (höfischer) Politik, spielt die Begriffe ‚privat' und ‚öffentlich' gegeneinander aus und setzt auf eine Bildung zum Menschen durch die Kunst. Am 26. Juni 1784 hielt Schiller in einer Sitzung der Kurfürstlichen Deutschen Gesellschaft in Mannheim einen Vortrag zu dem Thema ‚Die Schaubühne als eine moralische Anstalt betrachtet', den er dann in seiner ‚Rheinischen Thalia' im März 1785 unter dem weniger mißverständlichen Titel ‚Was kann eine gute stehende Schaubühne eigentlich wirken?' veröffentlichte. Schiller zielt in dieser Abhandlung darauf ab, ein Nationaltheater zu schaffen, das in der Lage ist, sich sein ‚nationales' Publikum zu erziehen. Er beruft sich dabei auf das griechische Theater, das, obwohl Herder erst kurz zuvor seine historische Einmaligkeit herausgearbeitet hatte, für ihn dennoch nach wie vor Vorbildcharakter hat. Es ist ihm Leitbild nicht in Hinsicht auf poetische oder dramaturgische Regeln, sondern in seiner politischen Funktion als ein Theater, durch das sich und in dem sich Öffentlichkeit konstituiert. Schiller betont am griechischen Theater „den vaterländischen Inhalt der Stücke, den griechischen Geist, das große überwältigende Interesse des Staats, der besseren Menschheit, das in denselbigen atmete".

Schiller hält die Bühne für ein ausgezeichnetes Erziehungsinstrument, denn sie „eröffnet dem nach Tätigkeit dürstenden Geist einen unendlichen Kreis, gibt jeder Seelenkraft Nahrung, ohne eine einzige zu überspannen und vereinigt die Bildung des Verstandes und des Herzens mit der edelsten Unterhaltung". Im Theater heben sich die Unterschiede zwischen den Menschen auf, hier regiert die Empfindung, „Mensch zu sein", und nichts sonst. Für Schiller ist das Theater mehr als jede andere „öffentliche Anstalt des Staates eine Schule der praktischen Weisheit, ein Wegweiser durch das bürgerliche Leben, ein unfehlbarer Schlüssel zu den geheimsten Zugängen der menschlichen Seele". Die Bühne übertrifft damit in ihrer positiven Wirkung auf das öffentliche Ganze die Wirkung der politischen Gesetze, und sie verstärkt die Wirkung der Religion, die „eines Staates festeste Säule" ist und „durch das Sinnliche" auf das Volk so „unfehlbar" wirkt.

Schiller konstatiert eine Komplementarität zwischen der Gerichtsbarkeit der Bühne und dem weltlichen Gesetz: „Die Gerichtsbarkeit der Bühne fängt an, wo das Gebiet der weltlichen Gesetze sich endigt." An einem Beispiel führt er dies genauer aus: „Wenn die Gerechtigkeit für Gold verblindet und im Solde der Laster schwelgt, wenn die Frevel der Mächtigen ihrer Ohnmacht spotten und Menschenfurcht den Arm der Obrigkeit bindet, übernimmt die Schaubühne Schwert und Waage und reißt die Laster vor einen schrecklichen Richterstuhl." R. Koselleck kommentiert diese Leistung der Bühne wie folgt: „Die moralische Rechtsprechung [. . .] wird durch die mangelhaften politischen Gesetze hervorgerufen, ihr Urteilsspruch wird durch die Politik provoziert, wie andererseits die Unzulänglichkeit der politischen Gesetze erst auf der Bühne in aller Deutlichkeit sichtbar wird. ‚Hier nur hören die Großen der Welt' das, was sie in ihrer Eigenschaft als Politiker ‚nie oder selten hören – Wahrheit; was sie nie oder selten sehen, sehen sie hier – den Menschen.' [. . .] Es treten sich nicht nur gegenüber ein moralisches Recht und ein politisches Recht, sondern das politische Gesetz ist zugleich unmoralisch wie das moralische Gesetz zugleich politisch ‚machtlos' ist und als solches mit der herrschenden Politik nichts zu tun hat. [. . .] Die Scheidung der geschichtlichen Wirklichkeit in ein Reich der Moral und ein Reich der Politik, wie sie der Absolutismus akzeptiert hatte, ist zugleich die Voraussetzung für die Kritik. Die moralische Urteilsfähigkeit der Bühne ist nur gesichert, wenn sie sich dem Arm des weltlichen Gesetzes entziehen kann. Indem für Schiller die Politik gleichsam an der Ram-

pe der moralischen Bühne ‚sich endigt', gewinnt die Schaubühne die erforderliche Freiheit von den weltlichen Gesetzen, um zu dem ‚gemeinschaftlichen Kanal' werden zu können, ‚in welchem von dem denkenden, besseren Teil des Volkes das Licht herunterströmt'. Das Licht verbreitet sich dann in eben dem Staat, von dem sich die Bühne ausgespart hatte, um ihn im gleichen Vollzug einer Kritik zu unterwerfen. Die moralische Kunst und der herrschende Staat werden einander gegenübergestellt, um die Bühne unbehindert selber eine Rolle spielen zu lassen, nämlich die der politischen Kritik." (R. Koselleck, Kritik und Krise. Eine Studie zur Pathogenese der bürgerlichen Welt, Frankfurt 1973, S. 83–85) Kosellecks Ausführungen ist zu entnehmen, wie nahe Schillers Gedanken denen Kants in dessen Abhandlung ‚Beantwortung der Frage: . . .' kommen, so daß man die vor allem unter wirkungsästhetischen Gesichtspunkten konzipierte Schillersche Schrift trotz ihres so späten Entstehungsdatums noch der Aufklärung und ihrer Diskussion über die Funktion des Theaters zuordnen darf.

Unterrichtsverlauf

Phase 1:
Lessings Wort von der Bühne als Kanzel

Wir wollen nicht abrupt zu Schillers Abhandlung überwechseln, sondern einen Übergang wählen, der auch die Schüler einsehen läßt, wie sich die vorangegangene Interpretation eines Dramas der Aufklärung mit der Abhandlung Schillers verbindet. Was bei der Behandlung des ‚Nathan' ausgespart blieb, nämlich auf dessen Entstehungsgeschichte zu rekurrieren, soll nunmehr nachgeholt werden. Dies kann in Form eines Lehrervortrages (s.

dazu Sachinformation zur 9./10. Stunde, S. 59) oder anhand eines Schülerreferates geschehen, das sich der Materialien der ‚Nathan'-Ausgabe bedient (S. 144–154), die in sehr übersichtlicher Form Auszüge aus dem Anti-Goeze-Streit und den Kabinettsbefehl zusammenstellen. Ob Schüler- oder Lehrerreferat, am Ende der Ausführungen zum Zustandekommen des Lessingschen Dramas hat auf jeden Fall Lessings Ausspruch, daß er mit dem ‚Nathan' sich seiner alten Kanzel wieder zuwende, zu stehen, denn so ergibt sich direkt die Überleitung zum Titel der Schillerrede, in dem auch von dem Theater als einer Stätte gezielter Wirkung bzw. Einflußnahme auf ein Publikum die Rede ist, womit Theater und Kanzel zu vergleichbaren Stätten werden.

Phase 2:
Erläuterungen zum Text

Die Hausaufgabe war, den Text gründlich zu lesen und selbst zu versuchen, ihn mit den notwendigen Anmerkungen zu versehen, d. h. unbekannte Begriffe, erwähnte Personen usw. nachzuschlagen. Die Besprechung des Textes muß zunächst absichern, daß die Schüler den Text in allen Einzelheiten verstanden haben oder daß sie zumindest jene Stellen benennen können (möglichst mit Angabe von Gründen), die sich ihrem Verständnis verschließen. Es seien im folgenden einige Anmerkungen zu Stellen gemacht, die womöglich auch nach der Schülerarbeit kommentierbedürftig bleiben:

Sulzers Bemerkung: Schiller bezieht sich hier auf den Abschnitt aus Sulzers ‚Allgemeine Theorie der schönen Künste'.

Sinnlichkeit: hier, das, was von den Sinnen aufgenommen wird.

ästhetischer Sinn: Gefühl für das Schöne.

Rhadamanthus: Gestalt der griechischen Mythologie, Sohn des Zeus und Euro-

pas, der wegen seiner Gerechtigkeit als König von Kreta das Amt des Totenrichters übertragen bekam.

Medea: Gestalt der griechischen Mythologie. Nach Jahren einer gücklichen Ehe von Jason, der die korinthische Königstochter Glauke zur Frau begehrt, verstoßen, nimmt Medea furchtbare Rache. Sie tötet nicht nur die Prinzessin und deren Vater, sondern auch ihre eigenen, aus der Ehe mit Jason hervorgegangenen Kinder und flüchtet auf einem mit geflügelten Drachen bespannten Wagen nach Athen.

Lady Makbeth: Figur aus Shakespeares gleichnamigem Drama (vermutlich entstanden 1606).

Cinna: Gestalt aus Pierre Corneilles gleichnamigem Drama.

Franz von Sickingen: Gestalt aus Goethes Drama ‚Götz von Berlichingen' (1773).

kindische Lear: Gestalt aus Shakespeares Drama ‚King Lear' (vermutlich entstanden 1604/05).

Molières Harpagon: Hauptfigur aus Molières Komödie ‚Der Geizige' (1668).

Selbstmörder Beverlei: Figur in Fr. L. Schröders Lustspiel ‚Beverley oder Der Spieler' (1776).

Karl Moor: einer der beiden feindlichen Brüder aus Schillers Drama ‚Die Räuber' (1781).

sterbende Sara: Hauptfigur aus Lessings bürgerlichem Trauerspiel ‚Miß Sara Sampson' (1757).

Ariadne: Titelheldin aus ‚Ariadne auf Naxos' von Johann Christian Brandes.

Ugolino: Hauptfigur aus Gerstenbergs Drama ‚Ugolino' (1760).

Eduard Ruhberg: Gestalt aus dem Schauspiel ‚Verbrecher aus Ehrsucht' von August Wilhelm Iffland.

Mariane: Titelheldin eines Trauerspiels von Friedrich Wilhelm Gotter.

Philanthropinen: eine von Basedow 1774 in Dessau errichtete Erziehungsanstalt.

Industrie: hier noch Fleiß.

bacchantische Freuden: ausgelassene Freuden; abgeleitet von Bakchos, dem Gott des Weines (= Dionysos).

Phase 3:
Situation des Theaters im 18. Jahrhundert

Nach dieser Abklärung eines primären Textverständnisses sollte zunächst die Intention bestimmt werden, die Schiller mit seiner Rede, später dann mit der Veröffentlichung dieser Rede, verfolgte (Schülerreferat). Dabei müßte kurz die Situation des Theaters im 18. Jahrhundert mit wenigen Strichen skizziert werden, denn Schillers Äußerungen gehören zu den Bemühungen, ein Nationaltheater in Deutschland einzurichten (eine „stehende Bühne"). Einen guten Überblick über die Theatersituation im 18. Jahrhundert gibt der im Materialienteil des Editionen-Bandes ‚Aufklärung. Sturm und Drang. Kunst- und Dichungstheorien' enthaltene Auszug aus dem Aufsatz von M. Kramer (S. 114–117).

Phase 4:
Redeabsicht Schillers

Ist erst einmal Schillers Einsatz für die Gründung eines Nationaltheaters im Gespräch deutlich geworden, gilt es in einem zweiten Schritt, das sich mit dem ersten Anliegen verbindende Argumentationsinteresse Schillers herauszuarbeiten. Zu dessen Bestimmung verhilft die von Schiller zu Ende seines Beitrages gemachte Äußerung: „Was bis hierher zu beweisen unternommen worden, daß sie [die Bühne] auf Sitten und Aufklärung wesentlich wirke." Diese Funktion der Bühne kann nunmehr anhand seiner ‚Nathan'-Passage erläutert werden.

Phase 5:
Funktion der Bühne

Danach sollten die Schüler in Partnerarbeit die im Aufsatz verstreuten, zahlreichen Funktionsbestimmungen, die sich aus der vorrangigen Funktion, für Sitten und Aufklärung zu sorgen, ableiten lassen, in Form eines Thesenpapiers zusammenstellen. Die Form eines Thesenpapiers (s. Stundenblatt) wird hier vorgeschlagen, da so die Schüler zu knappen, sich auf das Wesentliche beschränkenden Formulierungen angehalten sind.

An die Behandlung des Schiller-Textes könnte sich – falls die Schüler genügend Theatererfahrung haben – eine Diskussion über die Haltbarkeit der Schillerschen Argumente in heutiger Zeit anschließen. Es wäre zu diskutieren, ob auch heute noch dem Theater eine wichtige aufklärerische Funktion der Gesellschaft zukommt oder ob diese Funktion an andere Medien übergegangen ist, ob sich das Theater diese mit anderen Medien teilt und – wenn dies so ist – worin dann die spezifische Leistung des Theaters liegt.

Eine weitere Möglichkeit wäre, im Anschluß an den Schiller-Text Brechts „Ist das epische Theater etwa eine ‚moralische Anstalt'?" zu besprechen (B. Brecht, Gesammelte Werke, Bd. 15, Frankfurt 1967, S. 270–272). Brecht nimmt in diesem Text zu dem Vorwurf Stellung, sein episches Theater sei eine moralische Anstalt im Sinne Schillers. Er entkräftet diesen Vorwurf dadurch, daß er zwischen Schiller und der bürgerlichen Schillerrezeption des 19. Jahrhunderts unterscheidet und Schiller und seiner Theaterkonzeption eine legitime Funktion in bezug auf das 18. Jahrhundert und das sich konstituierende Bürgertum zuweist. Diese Funktion verliert jedoch Schiller im 19. Jahrhundert. Für sich selbst und sein Theater nimmt sich Brecht heraus, das für seine Zeit – dem wissenschaftlichen Zeitalter – angemessene Theater gefunden zu haben. Eine Besprechung des Brecht-Textes im Anschluß an Schiller hat jedoch nur Sinn, wenn die Schüler bereits in einem anderen Zusammenhang mit Brechts Vorstellungen eines epischen Theaters vertraut gemacht worden sind.

18. Stunde (Ergänzungsstunde): Nebenströmungen der Aufklärung (I): Anakreontik

Sachinformation

Beschränkte man sich in der Unterrichtsreihe auf die Behandlung der bislang dargebotenen Texte, läge die Gefahr sehr nahe, das Bild der Literatur der deutschen Aufklärung zu verzeichnen, denn das Textkorpus könnte zu sehr den Eindruck vermitteln, die Literatur der Aufklärung verenge sich auf die belehrend-didaktische Art, sei Lehrdichtung, die ausschließlich nützen, aber nicht unterhalten wolle, und wenn sie auch Letzteres tue, so doch nur, um damit die Lehre schmackhaft und eingängig zu machen. Es könnte sich überdies bei den Schülern die Annahme verfestigen, die Aufklärung setze nur auf den Intellekt des Menschen, verkürze ihn ganz auf seine Vernunft, versuche ausschließlich diese anzusprechen und zu erziehen. Damit würde zwar ein lange gepflegtes Bild der deutschen Aufklärung tradiert, das die Aufklärung als puren Rationalismus abtat – die Literatur der Aufklärung bietet sich aber vielstimmiger dar, und der letzte Unterrichtskomplex will etwas von dieser Buntheit der Aufklärungsliteratur vermitteln. Die herangezogenen Texte sind so ausgewählt, daß Themenfelder sichtbar werden, die auch heute noch aktuell sind und zu deren Artikulation die Aufklärung ihren nicht mehr wegzudenkenden Beitrag geleistet hat.

Wir stellen dazu zwei Gruppen von Liebes-Gedichten zusammen. Die ersten vier Liebesgedichte bilden ein Ensemble motivgleicher Gedichte. Sie entstammen der Anakreontik und lassen etwas von dem rein spielerischen Charakter, den Aufklärungsliteratur auch annehmen konnte, erahnen. Die anakreontische Lyrik ist sich ihres Fiktionscharakters bewußt, das lyrische Ich ist auswechselbar, reine Spielfigur innerhalb eines literarischen Spiels. Verfolgt man die Reihe der Liebesgedichte von der Anakreontik über die Empfindsamkeit (s. z. B. Klopstocks Gedicht ‚Das Rosenband‘) bis zu Goethes ‚Maifest‘, wird eine Entwicklung ablesbar, die zeigt, wie dieses lyrische Ich sich seiner selbst in seiner ganzen Denken und Empfinden umschließenden Totalität immer mehr bewußt wird und in seiner Unverwechselbarkeit in den Vordergrund tritt, bis daß es sich schließlich als Teil einer es selbst umfassenden ‚Natur‘ versteht.

Die Texte von Luis, Weiße, Goethe und dem unbekannten Dichter sind in Kenntnis voneinander und in Abhängigkeit zueinander verfaßt worden, denn wie die Anakreontik insgesamt (bedingt durch die Anakreonteen) nur ein sehr begrenztes Themenreservoir hat, liegt bei den Poeten dieser Richtung auch ein mit dem Sturm und Drang in keiner Weise vergleichbarer Originalitätsbegriff vor. Danach erweist sich gerade die Kunstfertigkeit des einzelnen Dichters in der besonders kunstfertigen Variation eines Vorgegebenen. Unter den Aspekten der Textrezeption heißt das, daß der Leser Vergnügen gerade an dem Vermerken der minimalen Differenzen findet, nicht so sehr an dem originellen Einfall. So zeichnet sich auch unsere Textgruppe dadurch aus, daß vieles den Texten gemeinsam ist, sich aber doch auch Änderungen bemerken lassen, die für den Entstehungszeitraum (Luis ca. 1747, Goethe ca. 1767) wiederum bezeichnend sind.

Allen Gedichten ist neben ihrer Kürze, der Einteilung in Strophen, einer einfachen Reimform vor allem gemein, daß sie dem für die Anakreontik typischen Formprinzip des Witzes gehorchen, also auf die Pointe hin komponiert sind. Sie spielen alle mit den an den sozialen Rollenerwartungen orientierten Lesererwartungen, um sie dann bewußt zu enttäuschen. Die sozialen Rollen sind dem jungen Mann und dem Mädchen zugewiesen. Das Mädchen muß seinen guten Ruf wahren, der Liebhaber darf zudringlich und draufgängerisch agieren. Am Ende werden aber diese Rollenerwartungen, die Mädchen betreffend, nicht erfüllt, der Leser wird zum geheimen Komplizen gemacht, der durchaus entgegen den öffentlichen Erwartungen mit den privaten Wünschen kokettiert und sich anhand seiner Reaktion selbst ,entlarvt', denn er ,versteht' und genießt die Pointe und ist somit Mitwisser aufgrund eines geheimen Einverständnisses.

Ebenso gemeinsam ist allen Texten der locus amoenus als situativer Kontext (Luis: Schatten; Goethe: Hain); gemein sind ihnen auch die Personen: ein Liebhaber, ein Mädchen. Indirekt wohnt all diesen Szenen in Form der Negation die Gesellschaft bei (stellvertretend dafür bei Luis: die Mutter); und schließlich ist jeweils der Leser als der verschwiegene Mitwisser ins Spiel hineingezogen. Luis ergänzt den Kreis der Anwesenden noch um Hylax, den Hund.

Die Unterschiede zwischen den Texten sind nicht sehr auffallend, aber dennoch bezeichnend. Luis setzt noch einen fiktionalen Erzähler der Szene voraus, der unbekannte Verfasser, Weiße und Goethe lassen dann ein fiktionales Ich an die Stelle Elpins treten, aus dessen Perspektive heraus ,erzählt' wird, denn in allen Gedichten herrscht – man vergleiche damit später Goethes ,Maifest' – das epische Präteritum. Insgesamt tendieren die Texte zur Kürzung und Straffung. Die szenische Ausmalung verliert an Gewicht, stellt man die Texte in die Reihe Luis – unbekannter Verfasser – Weiße – Goethe. Eine Konzentration auf den Dialog, die direkte Rede, wird merklich. Somit gewinnen die Texte an Pointierung. Ironisch verwenden noch Luis und der Anonymus die den Gedichten, besonders der Fabel nachgestellte Lehre als ,Moral von der Geschicht'. Weiße und Goethe verzichten darauf, verlagern die Pointe in den durch Gedankenstrich verzögerten Überraschungseffekt der letzten Zeile, ein Verfahren, mit dem bereits der Anonymus begonnen hatte. Schließlich ist Goethe der erste, der im Gegensatz zu den anderen nicht mehr die in anakreontischer Lyrik so beliebten antikisierenden Schäfer-Namen verwendet. Statt Doris, Phloen oder Chloen spricht er nur noch schlicht von ,seinem Mädchen'. Eine Intimisierung des Tones deutet sich hier an.

Es ist sehr gewagt, diesen wenigen Texten Züge abzugewinnen, die ihre Zuordnung zur Anakreontik erlauben. Erkennbar ist dennoch auf jeden Fall der Hang zum Einfachen (auch zur stilistischen Einfachheit). Die Anakreontiker betrachten, was sie schaffen, als ,Kleinigkeiten' (poésie figitive), so lautete bezeichnenderweise ein für Sammlungen ihrer Gedichte gern benutzter Titel. Die kleinen, teilweise graziösen Texte, die vornehmlich der puren Unterhaltung, keineswegs aber der Belehrung dienen wollten, finden ihren Wert nicht in der Originalität, sondern in dem kunstvollen Umspielen vorgegebener Muster. Sie bezeugen ein hohes Maß an Artifiziellem, legen Wert auf ihre reine

Fiktionalität, wollen nicht mehr sein als literarisches Spiel, bei dem der Leser zum Mitspielen eingeladen wird. Den vorgelegten Texten ist die Vorliebe für den locus amoenus, eine reine Kunstlandschaft, abzulesen. Die in ihr handelnden Figuren kleiden sich ins Schäferkostüm, um so allein schon dem Leser den Unterschied zwischen Realität und Fiktion zu verdeutlichen. Alle Gedichte führen kunstvoll zur Pointe, verwirklichen so das Formprinzip des Witzes, dem anakreotische Texte zu folgen versuchen. Selbst leicht, scherzend und heiter, bekennen sie sich zu einer epikureischen Haltung, zur Freude an der Welt und am Leben, in dem der Ernst nicht überwiegen soll.

Unterrichtsverlauf

Phase 1:
Erste Textbegegnung

Alle Texte werden den Schülern zugänglich gemacht und vorgelesen. Spontanen Äußerungen seitens der Schüler wird zu entnehmen sein, daß sie die Texte für ‚gegenseitig abgeschrieben‘, für den ‚Klau geistigen Eigentums‘, für Plagiate bzw. Kopien halten.

Phase 2:
Maßstäbe anakreontischer Dichtung

Man wird diese Beobachtung nunmehr in zweierlei Hinsicht auswerten dürfen. Zunächst bedarf es der Klarstellung, daß die vorliegenden Gedichte noch aus einer Zeit stammen, in der der Originalitätsgedanke bzw. die poetische Innovation kein Kriterium für Poesie waren, daß man also hier mit anderen ästhetischen Wertmaßstäben werten muß (Variation vorgegebener Muster). Auch in einer weiteren Hinsicht

kann man die spontanen Schüleräußerungen dahingehend nutzen, daß nämlich, angesichts der Tatsache, daß den einzelnen Gedichten wohl kein individuelles Erlebnis zugrunde liege, hier auch ein anderer Begriff von Lyrik angesetzt werden muß, nach dem Lyrik nicht die äußerst verdichtete Sprachwerdung eines Erlebnisses bzw. innersten Gefühls ist, eine Ansicht von Lyrik, die viel zu eng ist, um alle lyrischen Phänomene zu umgreifen. Hilfreich ist für den zweiten Aspekt der Auszug aus einem Vorwort Gleims zu seinem ‚Versuch in Scherzhaften Liedern und Lieder‘, der sich hier auf S. 105 findet (und ebenso im Materialienteil des Editionenbandes ‚Sturm und Drang. Lyrik‘, S. 105). Hier verbietet sich Gleim den Schluß „aus den Schriften der Dichter auf die Sitten derselben“. Besagter Ausschnitt enthält auch die Erwähnung Anakreons, so daß bei der Erläuterung des Textes von seiten des Unterrichtenden auf den antiken Ursprung der Anakreontik verwiesen werden kann (s. Stundenblatt). Gleims Hinweis, man schreibe nur, um seinen Witz zu zeigen, lenkt die Schüler auf einen wichtigen Aspekt der Textanalyse, die nunmehr folgen kann.

Phase 3:
Analyse der vier Gedichte

Um eine Auseinandersetzung mit den einzelnen Texten zu ermöglichen, erscheint es mir ratsam, daß jeweils in Gruppenarbeit die Schüler zwei Texte auf Parallelen und Unterschiede hin analysieren. Für die einzelnen Gruppen kommt folgende Zusammenstellung in Frage:
Gruppe 1: Luis/unbekannter Verfasser
Gruppe 2: unbekannter Verfasser/Weiße
Gruppe 3: Weiße/Goethe
Die Doppelung der Arbeit an demselben Text ist beabsichtigt, da so durch das jeweils unterschiedliche Vergleichsobjekt

Georg Luis: Doris

Vertraut saß einst auf ihren Matten
Des Abends Doris beim Elpin.
Und wen verführen nicht die Schatten?
Ihr Schäfer ward zuletzt zu kühn.
Sie stieß ihn ganz erzürnt zurücke,
Und droht, ihm nimmer zu verzeihn.
Und fing, zur Strafe solcher Tücke,
Den Augenblick laut an zu schrein.

Ihr Hylax, seine Pflicht zu zeigen,
Fiel den Elpin mit Bellen an.
Und Doris – – Doris hieß ihn schweigen.
Hat Hylax denn nicht recht getan?
Aus Furcht, die Mutter möcht es hören,
Schalt sie des treuen Hündchens Tat.
Und uns kann diese Vorsicht lehren,
Wie laut sie selbst geschrieen hat.

Christian Felix Weiße: Der Kuß

Ich war bei Chloen ganz allein,
Und küssen wollt' ich sie:
Jedoch sie sprach: sie würde schrein,
Es sei vergebne Müh!

Doch wagt' ich es, und küßte sie,
Wie oft? fällt mir nicht ein!
Und schrie sie nicht? Ja wohl, sie schrie – –
Doch lange hinter drein.

Unbekannter Dichter:
Das Mordgeschrei

Phloen sah ich heut
In der Einsamkeit
Grüner Büsche stehn.
„Mädchen", sagt' ich ihr,
„Nunmehr sollst du mir
Nicht so leicht entgehn."

Ich erhaschte sie
Und mit sanfter Müh
Raubt' ich manchen Kuß.
Phloe rief mir zu:
„Lasse mich in Ruh,
Eh' ich schreien muß."

„Ei, wer ist der Mann",
Fing ich lärmend an,
„Der mir dieses wehrt?"
„Rede nicht so laut",
Sprach sie ganz vertraut,
„Daß es niemand hört!"

Mädchen, wenn euch oft,
Wie ihr täglich hofft,
Kühne Knaben dräun –
Folget meinem Rat:
Lernt, wie Phloe tat,
Auch – um Hilfe schrein.

Johann Wolfgang Goethe: Das Schreien

Nach dem Italienischen

Jüngst schlich ich meinem Mädchen nach,
Und ohne Hindernis
Umfaßt' ich sie im Hain; sie sprach:
„Laß mich, ich schrei' gewiß!"
Da droht' ich trotzig: „Ha, ich will
Den töten, der uns stört!"
„Still", winkt sie lispelnd, „Liebster, still,
Damit dich niemand hört!"

**Johann Wilhelm Ludwig Gleim (1719–1803):
Trennung von Kunst und Leben**

(1744/45)
[. . .]
Könt ihr wol den Lästerern glauben, liebenswürdige Mitschwestern, welche sagen,
daß dieser Anakreon, den wir, wenn wir nicht undankbar seyn wollen, so hoch
schätzen müssen, [. . .] dem Wein und der Liebe tadelhaft ergeben gewesen sei?
Schliesset niemals aus den Schriften der Dichter auf die Sitten derselben. Ihr
werdet euch betriegen; denn sie schreiben nur, ihren Witz zu zeigen, und solten
sie auch dadurch ihre Tugend in Verdacht setzen. Sie characterisiren sich nicht,
wie sie sind, sondern wie es die Art der Gedichte erfodert, und sie nehmen das
Systema am liebsten an, welches am meisten Gelegenheit giebt, witzig zu seyn.
Die matematischen Beweise der Wolfianer verschönern kein Gedicht, und die
Weltweisheit des Plato schikt sich nicht zum Inhalt scherzhafter Lieder. Ich
empfehle sie den Dichtern, welche die Gottheit loben. [. . .]

J. W. Gleim: Versuch in Scherzhaften Liedern und Lieder. Nach den Erstausgaben von
1744/45 und 1749 mit den Körteschen Fassungen im Anhang kritisch herausgegeben von
Alfred Anger. Niemeyer, Tübingen 1964, S. 71.

noch genauere Ergebnisse erzielt werden können.

Um die Arbeitsergebnisse besser auswerten zu können, bedarf es einer systematischen Analyse aller Texte. Die Schüler sollen dazu selbst Analysegesichtspunkte benennen. Hier ein Fragenkatalog als Anregung:

Welches Versmaß, welche Reimform, welche Strophenform liegen vor?
Wer ist der jeweilige ‚Erzähler‘?
Welches sind die Handlungsschritte?
Welche Personen treten auf? (direkt/indirekt)
Wo ist die Szene lokalisiert?
Wie wird der Leser miteinbezogen?
Worin besteht die Pointe und wie wird sie vorbereitet?

Die Ergebnisse der Arbeitsgruppen könnten folgende sein:

Luis wählt statt des Ich-Erzählers einen auktorialen Erzähler, der mit dem Leser ein augenzwinkerndes Spiel spielt (s. die rhetorischen Fragen). Es mag diese ein Geschehen aus der Distanz berichtende Erzählerfigur sein, die das Gedicht noch episch ausladender als alle anderen Gedichte erscheinen läßt. So bildet den Anfang ein typischer Natureingang, der mit wenigen Strichen eine schäferliche Idylle am Abend skizziert. Während die anderen Autoren weitgehend die wörtliche Rede wählen, gibt Luis das Geschehen indirekt wieder und läßt mehr gestisch agieren und reagieren. Der Witz liegt in der durch zwei Gedankenstriche verzögerten, vom Leser unerwarteten Reaktion des Mädchens, das seinen Hund zu schweigen heißt, statt sein Bellen gutzuheißen, denn der treue Hund tut nur seine Pflicht. Aber genau um dieses Widerspiel zwischen gesellschaftlicher Pflicht und ganz persönlicher Neigung geht es in dem Gedicht, und so wird man auch die beiden letzten Zeilen, die die ‚Moral von der Geschicht‘ parodieren, auffassen müssen, denn der

Leser, der erschließen kann, ‚wie laut sie selbst geschrien hat‘, kann dies nur erschließen, wenn er selbst Kenner solch verfänglicher Situationen ist und gleich Elpin und Doris agiert und reagiert.

Der Anonymus-Text ist am umfangreichsten (24 Zeilen). Er wirkt aufgrund der in die ersten drei Strophen eingelagerten wörtlichen Rede szenischer. Während Luis den Leser direkt durch rhetorische Fragen und ein ‚uns‘ in der vorletzten Zeile miteinbezieht, wendet sich der unbekannte Verfasser explizit an einen weiblichen Hörerkreis (‚Mädchen‘), dem er einen Rat erteilen möchte, der jedoch auch nur den in der Aufklärungsliteratur (vor allem aus der Fabeldichtung) sattsam bekannten Text-Schluß in Form einer moralischen Lehre oder Anwendung ironisiert: „Lernt, wie Phloe tat, Auch um Hilfe schrein.“ Witzig ist die vom Ich so deutlich herausgekehrte Pose, es wisse, wie es um die Moral der Mädchen beschaffen sei, sie warteten schließlich nur täglich auf die ihnen „dräunenden kühnen Knaben“ und sie würden sie nur zum Scheine, weil es die offizielle Moral so wolle, abwehren.

Weißes ‚Kuß‘ verkürzt den Text auf nunmehr nur noch zwei, sehr einfach gebaute Strophen. Auch der Dialog, noch ausführlich beim unbekannten Verfasser wiedergegeben, schrumpft bei ihm zur indirekten Rede, kurz und pointiert (‚Jedoch sie sprach: sie würde schrein, Es sei vergebne Müh!‘). Auch der noch bei Luis oder dem Anonymus vorhandene Natureingang schwindet bei ihm ganz. Was bleibt, ist lediglich die Angabe, daß er bei Chloen ‚ganz allein‘ gewesen sei. Bei diesem Hang zur pointierten Kürze verblüfft es darum auch nicht, daß nun Weiße auf eine Ausbreitung der Pointe verzichtet. Er begnügt sich mit der Frage ‚Und schrie sie nicht?‘ und der Antwort: ‚Jawohl, sie schrie – – Doch lange hinter drein.‘, wobei die Auflösung dieser Pointe ausschließlich dem Leser überlassen bleibt. In Goethes Gedicht finden wir das Metrum, das schon Weiße verwandt hatte, wieder, allerdings verzichtet er auf eine Unterteilung in zwei Strophen und wiederholt auch nicht wie Weiße die Reime der ersten Strophe in der zweiten Hälfte seines Gedichtes. Bei ihm finden wir die Wiederaufnahme der direkten Rede und eine präzisere Angabe des Ortes (‚Hain‘), wie wir es von Luis und dem unbekannten Verfasser her kennen. Trotzig ist auch hier die Gebärde des jungen Mannes (‚Da droht ich trotzig‘). Die Pointe verlagert Goethe schließlich in den Dialog. Sosehr aber auch Anklänge an die Tradition nachweisbar sind, es macht sich dennoch, sehr vorsichtig allerdings, bei Goethe ein etwas intimerer Ton bemerkbar: Es ist die Rede von ‚meinem Mädchen‘, die ihrem ‚Liebsten‘ lispelnd zuwinkt.

Die Ergebnisse können in einem Tafelbild, wie es auf dem entsprechenden Stundenblatt vorgeschlagen worden ist, festgehalten werden.

Phase 4:
Epochenspezifische Merkmale

In einer letzten Phase wird der Versuch unternommen, die Epochenmerkmale der vorliegenden Gedichte zu bestimmen. Dies kann natürlich nur mit aller Vorsicht und unter stark kontrollierender Lenkung durch den Unterrichtenden geschehen. Die Schüler könnten jedoch folgende Charakteristika zusammenstellen: Die Anakreontik betont das mehr Unterhaltende, Spielerische der Poesie, sie gehorcht dem Formprinzip des Witzes, sucht die Kürze, betont die Fiktionalität ihrer Produkte, ist Ausdruck einer sinnen- und lebensfrohen Einstellung zur Welt und zum eigenen Ich. Liebe und Poesie haben Spielcharakter und bewegen sich beide innerhalb der gesellschaftlichen Konvention.

Hausaufgabe (evtl.):

Interpretieren Sie Klopstocks Gedicht „Das Rosenband“, und zeigen Sie, wieweit es der anakreontischen Tradition angehört und wo es sie verläßt! (Gedicht, s. S. 111).

19. Stunde (Ergänzungsstunde): Nebenströmungen der Aufklärung (II): Empfindsamkeit und Sturm und Drang

Sachinformation

Die Empfindsamkeit fungiert als ein wichtiger Zwischenschritt auf dem Wege zum Sturm und Drang. In dieser Phase treten der Rationalismus und Intellektualismus der ersten Phase der Aufklärung zugunsten der Psychologisierung des Kults der Erfahrung und des gesunden Menschenverstandes in den Hintergrund. Der Empfindsame beobachtet sich selbst, studiert sein Seelenleben. Hier hat der Pietismus Pate gestanden, zu dessen täglicher religiöser Praxis die Selbstbeobachtung gehört. Das neue Ich-Erlebnis, das reiche, gefühlige Innenleben bringt eine Einsamkeitserfahrung mit sich, die gleichfalls religiöse Wurzeln in Mystik und Pietismus besitzt, so daß es nicht verkehrt ist, die Empfindsamkeit zumindest zu einem Teil als Säkularisationsphänomen des Pietismus zu erklären. Kaiser stellt fest: „In dem Maße, in dem die pietistische Strömung an religiöser Substanz verliert, wird sie zum Ferment der Gesamtkultur und entfaltet so im Abflauen erst ihre ganze Wirkung. Die allgemeine Verweltlichung, welche die Aufklärung mit sich bringt, zeigt hier besonders deutlich ihre Dialektik: Wo das Religiöse säkularisiert wird, gehen die frei gewordenen religiösen Kräfte in das Säkulum ein." (G. Kaiser, Geschichte der deutschen Literatur 3, München 1976, S. 33). Nicht mehr der nur vernünftige Mensch ist der beste Mensch, sondern jener, der sich selbst fühlt und damit auch die Fähigkeit in sich steigert, mit dem anderen mitzufühlen und mitzuleiden. Die Literatur bekommt damit die Aufgabe zugespielt, das Gefühl sich selbst bespiegeln zu lassen, den Selbstgenuß des Gefühls im reflektierenden Spiegel zu steigern. „Eine Sucht nach dem sentimentalen Erguß, eine nervöse Bereitschaft zur Erschütterung breiten sich aus, die in scheinbar geringfügigen Anlässen Erfüllung finden können." (G. Kaser, a.a.O., S. 33f.)

Der Entwicklungsschritt von der Empfindsamkeit zum Sturm und Drang ist klein, aber dennoch tiefgreifend. Während sich in der Empfindsamkeit das Fühlen selbst fühlen will, um sich seiner selbst zu vergewissern, sucht der Sturm und Drang nach einer unmittelbaren, nicht mehr nach einem mittelbaren Ausdruck des Gefühls. Nicht mehr das reflektierte, sich selbst bespiegelnde Gefühl wird zum Problem der literarischen Darstellung – was die Autoren des Sturm und Drang suchen, sind literarische Formen, die den Anschein erwecken, unmittelbarer Ausdruck des Gefühls zu sein. So erklärt sich ihr Rückgriff auf volksnahe Literatur, weil sie in ihr Formen solchen unmittelbaren, natürlichen Selbstausdrucks bewahrt glauben. (Goethes ‚Maifest‘ s. S. 111) ist sicherlich eine Anspielung auf volksliedhafte Töne.) Das Genie ist nach der Auffassung der Stürmer und Dränger eine solche ganz aus dem Unmittelbaren lebende, der Natur verbundene Gestalt, die einer schrankenlosen, dem Gesetz enthobenen, nur der eigenen Individualität bzw. Originalität gehorchenden Selbstverwirklichung lebt. (Goethes ‚Prometheus‘ [s. S. 115] wird von dieser Auffassung des Künstlers Zeugnis ablegen.)

Als Beispiel für ein Gedicht der Empfindsamkeit mag hier Klopstocks Gedicht ‚Das Rosenband‘ (s. S. 111) stehen. Entstanden 1753, weist dieser Text bereits eindeutig Merkmale der Empfindsamkeit auf, so sehr auch dieses Gedicht noch der anakreontischen Poesie verpflichtet ist. In der ersten Zeile werden Ort und Zeit benannt („Im Frühlingsschatten") und es wird eine Situation skizziert, wobei die Anlehnung an die Anakreontik offensichtlich ist; aber Klopstock verzichtet darauf, die Situation ausführlicher auszumalen; er begnügt sich damit, sie stichworthaft zu ‚zitieren‘. Es fällt jedoch auf, daß Klopstock abweichend von der Tradition, aber darin mit Goethe vergleichbar, das Mädchen nicht mit einem der in anakreontischer Dichtung üblichen Namen wie Doris, Phyllis usw. benennt, sondern es bei dem schlichten ‚sie‘ beläßt. (In der Überschrift, die das Gedicht später erhält [‚An Cidli‘], wird dann das schlafende Mädchen mit einer realen Person, Klopstocks Verlobten, verbunden.)

Im Ablauf der vier je dreizeiligen Strophen (eine in der altenglischen Ballade und dem deutschen Volkslied belegten Strophenform) wird die Entwicklung des sich immer mehr intensivierenden Verhältnisses zwischen dem Ich des Sprechers und dem Du des „schlafenden Mädchens" nachgezeichnet. Die beiden finden nacheinander, aber in gleicher Weise zueinander. Die parallele Führung des Gedichts verweist deutlich darauf: So wiederholen sich in der vierten Strophe die zwei ersten Zeilen der zweiten Strophe wortwörtlich, nur daß nun die Positionen von Subjekt und Objekt ausgetauscht sind. Zunächst ist das sprechende Ich der aktive Teil; ab der letzten Zeile der dritten Strophe übernimmt das Mädchen den handelnden Part, so daß erst in der letzten Zeile des Gedichtes, der Pointe, die vorher Geschiedenen zum Wir zusammenfinden („und um uns"). Auch die Anlage des Gedichts auf die Pointe hin erinnert noch sehr stark an die anakreontische Dichtung und das ihr weitgehend zugrundeliegende Formprinzip des Witzes; aber Gefühls- und Sprachhaltung dieses Klopstockschen Liebesgedichtes weichen deutlich von anakreontischer Liebeslyrik ab. Die Liebe verliert ihren Spielcharakter, hier werden zwei Individuen in ihrer Totalität („mein Leben") ergriffen. Die Liebe ist nicht mehr ein nach gesellschaftlicher Konvention sich vollziehendes Spiel, sondern ein irrationales, den einzelnen plötzlich überkommendes Gefühl. Dieses Gefühl ist nicht mehr vom Verstande regulierbar, allenfalls kann dieser es nachträglich aufarbeiten (s. zweite Strophe, dritte Zeile). Auch die Sprache versagt (s. dritte Strophe, erste Zeile), Kommunikation geschieht hier viel direkter und unmittelbarer durch die Augen, in denen sich die Seele offenbart. Nur im nachhinein kann das Erlebnis sprachlich objektiviert werden (s. Klopstocks Wahl des Imperfektes).

Vermutlich direkt veranlaßt durch die Liebe zur Sesenheimer Pfarrerstochter Friederike Brion, gestaltet Goethe Frühlingsfreude, Lebenswonne und Liebesglut in kurzen, sich überstürzenden und doch wieder strophisch gebändigten Ausrufen. Jubelnde Lebensfreude, pantheistisch-enthusiastisches Naturempfinden und beglückende Liebe verschmelzen ineinander, werden ununterscheidbar, so wie Darstellung von Welt, Ausdruck eigenen Empfindens und eigener Leidenschaften und der an ein Du (das Mädchen) gerichtete Appell ineinander übergehen. Die lebensbejahenden Gefühle „Freud und Wonne" sind die Grundstimmung des Gedichtes, deren adäquaten Ausdruck die zahlreiche Verwendung von Interjektionen (10 von 36 Kurzzeilen), die Enjambements, die freie Verwendung des Reims und die kurzen, zweifüßigen Jamben un-

terstützen. Das Gedicht beginnt mit einer Schilderung der (rheinischen) Frühlingslandschaft (1. bis 3. Strophe), führt in den Strophen 4 und 5 zum zentralen, pantheistischen Gedanken und schildert in den letzten vier Strophen in enthusiastischen Worten das Liebesglück des Dichters. Aber die so gesetzten künstlichen Grenzen zwischen den einzelnen Strophen verfließen, herrscht doch überall die alles segnende und durchwaltende Liebe. Die Natur verliert ihren sonst üblichen Vergleichscharakter. Die Liebe in der Natur wird nicht zitiert, um sie mit der Liebe des sprechenden Ich zu dem Mädchen zu vergleichen. Sie ist vielmehr Abglanz, Teil der alles durchwaltenden Liebe.

An je einem einzigen Text Züge der Empfindsamkeit bzw. des Sturm und Drang aufzudecken ist äußerst schwierig, sei aber dennoch versucht. Die Verbindung zwischen Ich und Sie bei Klopstock ist keine vernünftige Liaison, kein gesellschaftlich ritualisiertes und mit gesellschaftlichen Sanktionen wiederum spielendes Rollenspiel (s. die anakreontischen Texte), sondern es ist die im Augenblick erkannte, gefühlshafte Verbindung zweier sich in ihrer Verwandtschaft plötzlich erkennenden Seelen. Gerade diese gefühlsbestimmte, Gefühle fast enthusiastisch feiernde, sentimentale Weltsicht prägt die Empfindsamkeit. Das geliebte Du ist hier kein auswechselbarer Partner mehr, sondern der andere ist in seiner Ganzheit, in seiner Tugendhaftigkeit gemeint, und was plötzlich im Gefühl erkannt wird, hat Bedeutung für ein ganzes Leben („Mein Leben hing mit diesem Blick an ihrem Leben'). Typisch für die Empfindsamkeit ist auch, daß die schicksalhafte Verbundenheit hier nicht intellektuell erkannt, sondern im Gefühl begriffen wird (Ich fühlt' es wohl, und wußt' es nicht'); denn die Empfindsamkeit ist noch nicht reiner Gefühlsausdruck, sondern ein bewußtes, das Gefühl selbst wiederum vergegenwärtigendes und beobachtendes Denken. Was die Empfindsamkeit vom Sturm und Drang darum wesentlich unterscheidet ist die Vermitteltheit der Gefühle im Gegensatz zum fingierten unmittelbaren Gefühlsausdruck des Sturm und Drang.

Unterrichtsverlauf

Klopstocks Gedicht ,Das Rosenband' kann in sehr unterschiedlicher Weise in die Unterrichtseinheit mit aufgenommen werden. Es kann zum einen in die Nähe der anakreontischen Gedichte gerückt, zum andern aber auch in den Vergleich mit Goethes ,Maifest' gebracht werden. Dem Unterrichtenden bleibt es überlassen, welche Zuordnung er wählen will. Die Nähe des Klopstock-Gedichtes zu den anakreontischen Texten erlaubt es, einen schriftlichen Vergleich zwischen der Textgruppe anakreontischer Verse und dem ,Rosenband' als Hausaufgabe durchzuführen. Eine solche schriftliche Aufgabenstellung hätte auch den Wert, daß die Ergebnisse der vorausgegangenen Unterrichtsstunde nochmals gebündelt und durch einen Vergleich mit einem empfindsamen Gedicht noch besser konturiert werden.
Eine andere Möglichkeit, Klopstocks Gedicht in die Reihe mitaufzunehmen, wäre, es in Form einer Klassenarbeit mit Goethes Versen ,Kleine Blumen, Kleine Blätter' vergleichen zu lassen.
Wir wollen jedoch im folgenden einen Unterrichtsvorschlag unterbreiten, in dem Klopstock an die Seite von Goethes Gedicht ,Maifest' gestellt wird, um aufgrund dieses Vergleichs eine Abgrenzung zwischen Empfindsamkeit und Sturm und Drang vorzunehmen.

Phase 1:
Vorlesen der Gedichte und erster formaler Vergleich

Zunächst sind beide Gedichte von Schülern vorzutragen. Im Anschluß an den Gedichtvortrag sind die Vortragenden selbst zu fragen, welcher Vortragston ihnen für die beiden Gedichte der angemessene zu sein scheine; ob man in der Tonlage zwischen beiden Gedichten unterscheiden müsse oder ein und denselben Vortragsstil beibehalten könne. Fragt man nunmehr nach den Gründen, warum ,Das Rosenband' eher einen leisen, ausgeglichenen, in gewissem Sinne wohl auch zärtlichen Ton verlange, Goethes ,Maifest' hingegen kräftig, schnell und leidenschaftlich vorgetragen sein wolle, wird man Aufschluß vor allem in einer formalen Analyse beider Texte bekommen. Dabei stellt sich heraus: Klopstocks Text ist sehr kalkuliert gebaut, er bevorzugt die Parallelen und steigert sich zum Ende, zur Pointe, hin. Goethes Text wird von der Kurzzeile beherrscht, der Fluß drängt jeweils über das Zeilenende hinaus. Die Zeilen- und Strophenenjambements unterstützen diese drängende, sich erst am Ende beruhigende Bewegung. Goethes Text lebt von Anrufen und Ausrufen, der Kurzzeile. Er wählt außerdem den unmittelbaren Redeeinsatz, wo Klopstock noch eine kurze Szenenbeschreibung an den Anfang stellt. Den Eindruck der Unmittelbarkeit unterstützt ferner die Wahl des Präsenz bei Goethe im Gegensatz zum Präteritum bei Klopstock. Charakteristisch für die enthusiasmierte Sprache bei Goethe sind auch die syntaktischen Unbestimmtheitsstellen. So ist der erste Vergleich unvollständig, also ein absoluter Vergleich, denn hier fehlt das Vergleichsobjekt (,*Wie* herrlich leuchtet/Mir die Natur ...!'). Der zweite Vergleich ist durchgeführt: ,So golden schön/Wie Mor-

Friedrich Gottlieb Klopstock: Das Rosenband

Im Frühlingsschatten fand ich sie;
Da band ich sie mit Rosenbändern:
Sie fühlt' es nicht, und schlummerte.

Ich sah sie an; mein Leben hing
Mit diesem Blick an ihrem Leben:
Ich fühlt' es wohl, und wußt' es nicht.

Doch lispelt' ich ihr sprachlos zu,
Und rauschte mit den Rosenbändern:
Da wachte sie vom Schlummer auf.

Sie sah mich an; ihr Leben hing
Mit diesem Blick an meinem Leben,
Und um uns ward's Elysium.

Johann Wolfgang Goethe: Maifest

Wie herrlich leuchtet
Mir die Natur!
Wie glänzt die Sonne!
Wie lacht die Flur!

Es dringen Blüten
Aus jedem Zweig
Und tausend Stimmen
Aus dem Gesträuch

Und Freud und Wonne
Aus jeder Brust.
O Erd', o Sonne,
O Glück, o Lust,

O Lieb', o Liebe,
So golden schön
Wie Morgenwolken
Auf jenen Höhn,

Du segnest herrlich
Das frische Feld –
Im Blütendampfe
Die volle Welt!

O Mädchen, Mädchen,
Wie lieb' ich dich!
Wie blinkt dein Auge,
Wie liebst du mich!

So liebt die Lerche
Gesang und Luft,
Und Morgenblumen
Den Himmelsduft,

Wie ich dich liebe,
Mit warmen Blut,
Die du mir Jugend
Und Freud' und Mut

Zu neuen Liedern
Und Tänzen gibst.
Sei ewig glücklich,
Wie du mich liebst.

genwolken', der dritte hingegen in den Zeilen 35 und 36 ,Sei ewig glücklich/Wie du mich liebst!' läßt dann allerdings wieder völlig offen, was denn nun gemeint ist, etwa: ,sei ewig glücklich, weil du mich liebst' oder ,sei ewig in genau dem Maße glücklich, wie du mich liebst'.

Phase 2:
Analyse des Klopstock-Gedichtes

In einer weiteren Phase sollte in einem Gespräch nach dem ersten formalen Vergleich beider Texte das Klopstock-Gedicht nun noch genauer analysiert werden. Dazu eignet sich nochmals der Rückblick auf die anakreontischen Texte der vorangegangenen Stunde, denn Klopstock übernimmt den dort auch verwandten locus amoenus, und auch die Wahl der Situation (schlafendes Mädchen vom Geliebten überrascht und beobachtet) erinnert an viele Gedichte der Anakreontik. Abweichend jedoch von anakreontischer Lyrik stellt Klopstock die Liebe zwischen dem Ich und seiner namenlos bleibenden Geliebten dar. Aus dem Ich und Du entwickelt sich in parallelen Vorgängen eine sehr intensive Beziehung, in die sich jeweils die Partner als ganze Person einbringen (,mein Leben hing Mit diesem Blick an ihrem Leben' und ,ihr Leben hing Mit diesem Blick an meinem Leben'), eine Bewegung, die schließlich in der letzten Strophe in einem ,wir' gipfelt: ,Und um *uns* ward's Elysium'. Bezeichnend für die sich intensivierende Liebe, die so sehr von dem tändelnden Spiel der Anakreontik abweicht, ist auch, daß in diesem Gedicht die Offenbarung der Liebe sprachlos durch die viel tiefer blickenden und sich verstehenden ,Augen' erfolgt.

Phase 3:
Analyse des Goethe-Gedichtes

Eine genauere Analyse des Goethe-Gedichts kann mit einem Arbeitsauftrag einsetzen. Die Schüler werden dazu aufgefordert, eine Paraphrase des Textes anzufertigen, eine Übung, die sehr schwerfällt, aber es kommt uns gerade auf eine Benennung dieser Schwierigkeiten an. Durch die Paraphrase wird deutlich, wie ungewöhnlich Goethe gleich in den ersten Zeilen formuliert: „Wie herrlich leuchtet *Mir* die Natur!" Schwierigkeiten bei der Paraphrasierung bietet auch die Stelle: „O Erd', o Sonne, O Glück, o Lust!" Es fällt sehr schwer, diese Stelle eindeutig dem Vorangegangenen oder Folgenden zuzuordnen bzw. einen gedanklichen Konnex herzustellen. Mit dieser Methode wird aber etwas den Text Charakterisierendes gefunden. Das leidenschaftlich Gesprochene, eruptiv Hervorbrechende (s. Goethes Verwendung des Präsenz, das sich deutlich von dem bislang in der Lyrik üblichen Präteritum unterscheidet und die Unmittelbarkeit des Sprechens vortäuscht) läßt sich nicht mehr in logische Begrifflichkeit und Konsistenz auflösen. Die Textparaphrase scheitert notwendig bzw. stößt auf große Schwierigkeiten. Mit dieser Erkenntnis ist aber für die Interpretation des Gedichtes gewonnen, daß der Schüler erkennt, wie in Goethes Gedicht die einzelnen Themen (sofern hier überhaupt von Themen gesprochen werden kann) miteinander verschwimmen.
Darauf kann nun nochmals in einem weiteren Gesprächsteil abgehoben werden. Die Schüler sind zu fragen, ob sie dieses Gedicht einer Anthologie zur Liebes- oder einer zur Naturdichtung zuordnen würden. Beide Eingruppierungen lassen sich verteidigen, denn es verschränken sich in dem Gedicht die Themen Natur, Liebe und Poesie. Liebe ist das alles

durchwaltende Prinzip, sie herrscht und belebt die Natur, verkörpert sich im Mädchen, stiftet die Beziehung zwischen lyrischem Ich und Du, und sie ist es schließlich, die das lyrische Ich begeistert zu sagen, was es fühlt. So wird sie zur Sprache, zur Poesie.

Phase 4:
Epochenspezifische Merkmale

Zum Abschluß dieser Unterrichtsstunde läßt man die Schüler zu den einzelnen Texten bzw. Textgruppen Überschriften finden, die das jeweils Spezifische der Liebesform treffen sollen, etwa: erotische Spielereien (Anakreontik); zärtliche Liebe (Empfindsamkeit); Liebe als Erfahrung der Totalität (Sturm und Drang) o. ä. Nach dieser Vorübung sollte wie zum Ende der vorangegangenen Stunde unter starker Lenkung und Kontrolle des Unterrichtenden der Versuch gemacht werden, den Klopstock-Text und den Text Goethes auf ihre epochenspezifischen Merkmale hin zu befragen. Für den ersten Text läßt sich leicht bestimmen, daß hier, gerade im Gegensatz zu den anakreontischen Texten, das Gefühl bewußter angesprochen ist, eine Intensivierung der Emotionen stattgefunden hat, ja das Gefühlte gleichsam eine bislang unbekannte Aufwertung erfahren hat, wenn man auf das Ende des Textes schaut, wo sich die beiden empfindsamen Seelen gleichsam im Elysium finden, ein Ort, an dem die Seligen weilen. Goethe vermag dann dieses allumfassende Gefühl selbst unmittelbar auszusprechen. Dieses Ich ist seiner selbst bewußt, weiß sich als Mittelpunkt, darin durchaus dem Ich in Goethes ‚Prometheus‘-Gedicht vergleichbar. Die Sicherheit, aus der das Ich spricht, begründet sich darin, daß es um seinen Ursprung (‚Natur‘) weiß und sich als Teil dieses alles Umfassenden begreift.

Hausaufgabe:

Die Schüler sollen sich anhand einschlägiger Nachschlagewerke über den Prometheus-Mythos informieren.

20. Stunde (Ergänzungsstunde): Sturm und Drang als radikalisierte literarische Aufklärung: Goethes Hymne ‚Prometheus‘

Sachinformation

Die sich selbst behauptende, auf ihrer Selbständigkeit beharrende Position des Prometheus findet sich bereits in Goethes ‚Baukunst‘-Aufsatz vorgezeichnet: „Diese charakteristische Kunst" – so heißt es dort – „ist nun die einzige wahre. Wenn sie aus inniger, einiger, eigner, selbständiger Empfindung um sich wirkt, unbekümmert, ja unwissend alles Fremden, da mag sie aus rauher Wirklichkeit oder aus gebildeter Empfindsamkeit geboren werden, sie ist ganz und lebendig." Später ist dann von dem „gottgleichen Genius" die Rede, und die Abhandlung schließt bekanntlich mit dem Ausruf: „Nimm ihn [den Knaben] auf, himmlische Schönheit, du Mittlerin zwischen Göttern und Menschen, und mehr als Prometheus leit’ er die Seligkeit der Götter auf die Erde." Solcher Kontext verrät: Goethes ‚Prometheus‘ ist also primär ein Künstlergedicht. Die Prometheus-Gestalt ist für Goethe Projektionsfigur seiner Künstlerexistenz, auch wenn die Rezeption der Hymne sie zunächst in andere Kontexte stellte, so daß sie zum „Zündkraut einer Explosion" diente, wie Goethe im Rückblick in ‚Dichtung und Wahrheit‘ formulierte (3. Teil, 15. Buch); denn Lessing, dem die Hymne von Jacobi gezeigt worden war, deutete sie spinozistisch. So einmal in seiner Bedeutung festgelegt, interpretierte man das Gedicht als „eine Absage an die traditionelle Frömmigkeit und die Vorstellung eines transzendenten Gottes" (J. Schmidt, Die Geschichte des Genie-Gedankens in der deutschen Literatur, Philosophie und Politik 1750–1945 Bd. 1, Darmstadt 1985, S. 263). Die darin artikulierte Autonomie-Konzeption „signalisiert die Loslösung von überkommenen Autoritäten. Es gilt die Emanzipation aus nicht mehr plausiblen Abhängigkeiten von poetischen Regeln und literarischen Vorbildern wie von ständischen Grenzen und religiösen Fixierungen. Diese Loslösung, die als Lossagung vom gültigen Gottesbild in Goethes-Prometheus-Ode ihre größte Sprengkraft erreicht, konnte als kritisch-negativer Vorgang nicht stattfinden, ohne daß man sich auf eine neue, plausiblere Autorität berief. Dem neuen Selbstbewußtsein entsprechend wurde sie dem auf seine eigene Produktivkraft vertrauenden Genie zugesprochen" (ebd., S. 264).

Goethes Vergewisserung in der mythologischen Gestalt und ihrer Schöpferkraft gibt ihm neue Sicherheit. In ‚Dichtung und Wahrheit' bekennt er: „Ich hatte jung genug gar oft erfahren, daß in den hülfsbedürftigsten Momenten uns zugerufen wird: Arzt, hilf dir selber! [...] Indem ich mich also nach Bestätigung der Selbständigkeit umsah, fand ich als die sicherste Basis derselben mein produktives Talent. [...] Wie ich nun über diese Naturgabe nachdachte und fand, daß sie mir ganz eigen angehörte, und durch nichts Fremdes weder begünstigt noch gehindert werden könne, so mochte ich gern hierauf mein ganzes Dasein in Gedanken gründen. Diese Vorstellung verwandelte sich in ein Bild, die alte mythologische Figur des Prometheus fiel mir auf, der, abgesondert von den Göttern, von seiner Werkstätte aus eine Welt bevölkerte." Be-

reits vor Goethe war dem Engländer Shaftesbury Prometheus zur Leitfigur des Künstlers geworden: „Denn ein solcher Dichter ist in der That ein andrer Schöpfer, ein wahrer Prometheus unter Jupiter. Gleich jenem obersten Künstler oder der allgemeinen bildenden Natur, formet er ein Ganzes, wohl zusammenhangend, und in sich selbst wohl abgemessen, mit richtiger Anordnung und Zusammenfügung seiner Theile." Wie Gott die Welt als ein Ganzes schafft, schafft auch der Künstler als Teil der schaffenden Natur ein Ganzes in seinem Kunstwerk.

Prometheus, das im Sprechen gegen die Götter zu sich selbst kommende Individuum, das sich im Sprechen seiner Einzigartigkeit vergewissernde Ich. Mit dieser Prometheus-Deutung und den Vorstellungen, die sich um diese Gestalt aus der griechischen Mythologie geschart hatten, ließ sich auch der gesellschaftliche Auftrag des Künstlers formulieren. Obwohl als Individuum nur sich selbst und der Natur verantwortlich, leistet dieser Einzelne Aufklärung im Sinne der Loslösung von Autoritäten vorbildlich für die Gesellschaft, so wie Prometheus, der aus dem Geschlecht der Titanen stammt, den Menschen das Feuer, Sinnbild der Aufklärung, brachte. Was Goethe verschweigt, ist der zweite Teil der Prometheus-Sage, daß nämlich Prometheus dafür zur Strafe an den Felsen geschmiedet wurde, ihm ein Adler die immer wieder nachwachsende Leber entriß, bis daß ihn Herkules von dieser Qual befreite. Goethe hebt ab auf die zwischen Gott und den Menschen vermittelnde Figur, nicht auf den gefesselten Prometheus.

Johann Wolfgang Goethe: Prometheus

Bedecke deinen Himmel, Zeus,
Mit Wolkendunst!
Und übe, Knaben gleich,
Der Disteln köpft,
An Eichen dich und Bergeshöhn!
Mußt mir meine Erde
Doch lassen stehn,
Und meine Hütte,
Die du nicht gebaut,
Und meinen Herd,
Um dessen Glut
Du mich beneidest.

Ich kenne nichts Ärmer's
Unter der Sonn' als euch Götter.
Ihr nähret kümmerlich
Von Opfersteuern
Und Gebetshauch
Eure Majestät
Und darbtet, wären
Nicht Kinder und Bettler
Hoffnungsvolle Toren.

Da ich ein Kind war,
Nicht wußte, wo aus, wo ein,
Kehrte mein verirrtes Aug'
Zur Sonne, als wenn drüber wär'
Ein Ohr, zu hören meine Klage,
Ein Herz wie meins,
Sich des Bedrängten zu erbarmen.

Wer half mir wider
Der Titanen Übermut?
Wer rettete vom Tode mich,
Von Sklaverei?
Hast du's nicht alles selbst vollendet,
Heilig glühend Herz?
Und glühtest, jung und gut,
Betrogen, Rettungsdank
Dem Schlafenden dadroben?

Ich dich ehren? Wofür?
Hast du die Schmerzen gelindert
Je des Beladenen?
Hast du die Tränen gestillet
Je des Geängsteten?

Hat nicht mich zum Manne geschmiedet
Die allmächtige Zeit
Und das ewige Schicksal,
Meine Herrn und deine?

Wähntest du etwa,
Ich sollte das Leben hassen,
In Wüsten fliehn,
Weil nicht alle Knabenmorgen-
Blütenträume reiften?

Hier sitz' ich, forme Menschen
Nach meinem Bilde,
Ein Geschlecht, das mir gleich sei,
Zu leiden, weinen,
Genießen und zu freuen sich,
Und dein nicht zu achten,
Wie ich.

Unterrichtsverlauf

Phase 1:
Hymnenform

Zunächst sollte Goethes Gedicht mehrmals von Schülern vorgelesen werden. Die Besprechung beginnt mit der Frage, welchen Ton ein geschulter Rezitator bei einem angemessenen Vortrag wählen muß. Die Schülerantworten werden sich im Umkreis solcher Bezeichnungen wie ‚aggressiv‘, ‚zornig‘, ‚kraftvoll‘, ‚stellenweise hämisch‘, ‚selbstbewußt‘, ‚ironisch‘, ‚spöttisch‘ usw. bewegen. Daran kann die Frage angeschlossen werden, welche Bauelemente des Textes eine solche Vortragsart forderten. Der kraftvoll leidenschaftliche Ton leitet sich zu einem Gutteil aus der hymnischen Form ab. Um diese Form freirhythmischer Odendichtung genauer zu bestimmen, sollten die Schüler eine Liste jener Merkmale erstellen, die sie bei Lyrik erwarten, die hier aber nicht verwirklicht sind: Reim, festes Metrum, gleich lange Strophen usw. Um die Wirkung dieser Abweichungen von der gewohnten lyrischen Form noch genauer bestimmen zu können, kann in einem weiteren Schritt eine Übertragung der ersten Strophe in Prosa angelegt werden, aufgrund derer dann die spezifische Leistung der Kurzzeile, des Enjambements, der gezielten Betonung fast jeden Wortes usw. erarbeitet werden (s. z. B. die Betonung des ‚mein‘, ‚mir‘, ‚mich‘ in der ersten Strophe). Spöttisch wirken die Ausrufe und die rhetorischen Fragen. Erst nach diesen Arbeitsschritten sollte den Schülern vom Unterrichtenden gesagt werden (falls es den Schülern aus anderen Zusammenhängen noch nicht bekannt ist), daß Goethe mit diesem Gedicht auf die Tradition der Hymnendichtung rekurriert, die allerdings bislang nur zum feierlich religiösen Lob und Preis diente. Erst mit dieser Information ist zu ermessen, wie sehr Goethe einen zusätzlichen blasphemischen Effekt erzielt, indem er eine bislang als Preisgedicht auf Gott oder ähnlich erhabene Gegenstände genutzte lyrische Form zwar in der Form zitiert, inhaltlich aber mit dem genauen Gegenteil besetzt, denn das „Prometheus“-Gedicht ist Antigebet, verweigert die preisende und bittende Haltung und setzt an deren Stelle Auflehnung und Spott.

Phase 2:
Die Autonomie des Prometheus

Es kann nunmehr die Hausaufgabe der Schüler, die ja darin bestand, sich Informationen über den Rollensprecher des Gedichtes (Prometheus) zu verschaffen, ausgewertet werden. Im folgenden eine Kurzinformation zu Prometheus: Er entstammt dem Titanengeschlecht. Er ist Sohn des Titanen Iapetos und der Okeanide Klymene. Er ist ein Wohltäter der Menschen und Kulturbringer. Als Vertreter der Menschen versucht er, in Verhandlungen über die den Göttern darzubringenden Opfer Zeus zu betrügen. Der Gott entzieht zur Strafe der Menschheit das Feuer. Als Prometheus dieses entwendet, um es wieder zur Erde zu bringen, sendet Zeus Pandora zu den Menschen. Den Frevler selbst läßt er an einen Felsen schmieden, wo ihm ein Adler täglich die Leber zerfleischt, die sich jeweils nachts erneuert, bis Herakles den Leidenden erlöst. Zur Mythe gehört auch, daß Prometheus Gestalten aus Ton formt, die durch den Hauch der Minerva zu lebendigen Menschen werden.
Die Schüler sollen nun die ermittelten Daten mit dem Gedicht vergleichen und bestimmen, welche Elemente des Mythos von Goethe verwandt wurden (gestohlenes Feuer, Herkunft aus dem Geschlecht der Titanen, Menschenformer), welche er

ausklammerte und warum er auf sie verzichtete. So enthält das Gedicht bezeichnenderweise keinen Hinweis auf den leidenden, von Zeus bestraften Prometheus, denn nur so konnte Goethe den Eindruck eines ganz selbstbewußten, aktiven Prometheus wahren.

Diese Autonomie des Prometheus gilt es in einem weiteren Arbeitsschritt durch eine Analyse des von Prometheus im Gedicht behaupteten Verhältnisses zu den Göttern zu bestimmen. Danach steckt Prometheus deutlich seinen Bereich gegen den der Götter ab (‚meine Hütte‘, ‚meinen Herd‘), er verspottet die Götter als armselige und kümmerliche, machtlose Gestalten, die nur existieren in der hoffnungsvollen Torheit der Kinder und Bettler (s. Ende der zweiten Strophe). Die Götter sind in den Augen des Prometheus unfähig zu helfen, er beruft sich auf sein ‚heilig glühend Herz‘, das alles ‚selbst vollendet‘ habe (s. 4. Strophe).

Phase 3:
Religions- und Absolutismuskritik

In dieser Phase kann mit den Schülern erörtert werden, warum Goethe seinerzeit zögerte, dieses Gedicht zu veröffentlichen. Dabei wird zunächst darauf hinzuweisen sein, daß Prometheus eine Leitfigur der Aufklärung war, denn wie Prometheus das den Menschen vorenthaltene Feuer bringt, versucht auch die Aufklärung Licht in die ‚Finsternis‘ des Verstandes zu bringen. Prometheus lehnt sich sodann gegen Autorität, eine petrifizierte Ordnung und eine Tradition auf, die seinen kritischen Fragen nicht mehr standhält. Es dürfte für die Schüler einsichtig sein, daß der zeitgenössische Leser leicht Zeus und die Götter mit dem Christengott und dem Landesvater gleichsetzen konnte, so daß das Gedicht als Religions- oder Absolutismuskritik einer gegen die ‚Väter‘-Generation (Gottvater, Landesvater, leiblicher Vater) aufbegehrenden jungen Generation verstanden werden konnte.

Phase 4:
‚Prometheus‘ als Künstlergedicht

Wir wollen es jedoch nicht bei dieser ‚Leseweise‘ des Gedichtes belassen, sondern ihm noch jene hinzufügen, die uns den Text als Zeugnis einer künstlerischen Selbstvergewisserung und Selbstverständigung lesen läßt, um diesen Text als produktionsästhetische Reflexion dem wirkungspoetologisch ansetzenden Text Schillers entgegenzuhalten. Dem Schüler wird darum ein Auszug aus Goethes ‚Dichtung und Wahrheit‘ und aus Shaftesburys ‚Characteristics of Man, Manners, Opiniones, Times‘ (s. S. 118) vorgelegt. Erst nach Kenntnisnahme dieser Textauszüge kann auf die letzte Strophe des Prometheus-Gedichtes eingegangen werden, die Prometheus als Künstler zeigt, der wie der geniale Künstler seine eigene Welt schafft.

Johann Wolfgang von Goethe:
Auszug aus „Dichtung und Wahrheit"

Ich hatte jung genug gar oft erfahren, daß in den hülfsbedürftigsten Momenten uns zugerufen wird: Arzt, hilf dir selber! und wie oft hatte ich nicht schmerzlich ausseufzen müssen: Ich trete die Kelter allein. Indem ich mich also nach Bestätigung der Selbständigkeit umsah, fand ich als die sicherste Base derselben mein produktives Talent. Es verließ mich seit einigen Jahren keinen Augenblick [...] Wie ich nun über diese Naturgabe nachdachte und fand, daß sie mir ganz eigen angehörte, und durch nichts Fremdes weder begünstigt noch gehindert werden könne, so mochte ich gern hierauf mein ganzes Dasein in Gedanken gründen. Diese Vorstellung verwandelte sich in ein Bild, die alte mythologische Figur des Prometheus fiel mir auf, der, abgesondert von den Göttern, von seiner Werkstätte aus eine Welt bevölkerte [...]

Aus: Goethe, Werke, Hamburger Ausgabe in 14 Bänden, Bd. 10. Hg. Lieselotte Blumenthal u. a., Hamburg: Christian Wegner Verlag ⁴1966, S. 47f.

Anthony Ashley Cooper, Earl of Shaftesbury:

Ich muß gestehen, [...] daß schwerlich eine abgeschmaktere Gattung Menschen irgend wo zu finden ist, als die, denen man in den neuern Zeiten, wegen einiger Fertigkeit woltönend zusprechen, wegen eines unüberlegten abgeschmakten Witzes, und einiger Einbildungskraft den Namen der Dichter gegeben hat. Der Mann, der den Namen eines Dichters wahrhaftig und in dem eigentlichen Sinn verdienet, der, als ein wahrer Künstler oder Baumeister in dieser Art, so wol Menschen als Sitten schildern, der einer Handlung ihre gehörige Form und ihre Verhältnisse geben kann, ist, wo ich nicht irre, ein ganz anders Geschöpf. Denn ein solcher Dichter ist in der That ein andrer Schöpfer, ein wahrer Prometheus unter Jupiter. Gleich jenem obersten Künstler oder der allgemeinen bildenden Natur, formet er ein Ganzes, wol zusammenhangend, und in sich selbst wol abgemessen, mit richtiger Anordnung und Zusammenfügung seiner Theile. Er bezeichnet das Gebieth jeder Leidenschaft, und kennet genau jeder derselben Ton und Maaß, wodurch er sie mit Richtigkeit schildert; er zeichnet das Erhabene der Empfindungen und der Handlung und unterscheidet das Schöne von dem Häßlichen, das Liebenswürdige von dem Verächtlichen.

In: Johann Georg Sulzer, Allgemeine Theorie der schönen Künste, Leipzig 1792, S. 613

3 Vorschläge für Klausuren

Zum Begriff ‚Aufklärung‘

Text: Moses Mendelssohn: Über die Frage: was heißt aufklären?
a) Wie setzt Mendelssohn den Begriff ‚Aufklärung‘ in Beziehung zu den Begriffen ‚Kultur‘ und ‚Bildung‘?
b) Wie unterscheidet sich sein Versuch, die Frage, was ‚Aufklärung‘ heiße, zu beantworten, von dem Versuch Kants?

(Textgrundlage: Ein Wiederabdruck des Textes findet sich in: E. Bahr [Hrsg.], Was ist Aufklärung? Thesen und Definitionen, Stuttgart 1974, = RUB 9714, S. 3–8)

Text: Christoph Martin Wieland: Sechs Fragen zur Aufklärung?
a) Fassen Sie Wielands sechs Antworten zu seinen Fragen in eigenen Worten zusammen!
b) Grenzen Sie Wielands Position von der Kants ab!

(Textgrundlage: Ein Wiederabdruck des Textes findet sich in: E. Bahr [Hrsg.], Was ist Aufklärung? a.a.O., S. 23–28)

Text: Karl Jaspers: Wahre und falsche Aufklärung
a) Wie bestimmt Jaspers die Position der Aufklärung heute?
b) Wie grenzt er sie von der Position, wie sie Kant umriß, ab?

(Textgrundlage: K. Jaspers, Einführung in die Philosophie, München [14]1974, S. 67–69; ebenfalls abgedruckt in: Ulshöfer [Hrsg.], Arbeitsbuch Deutsch. Sekundarstufe II, Hannover 1979, Bd. 2, S. 169f.)

Zum ‚Nathan‘

Die Rolle des Geldes im ‚Nathan‘
a) Welche Rolle nimmt das Geld im ‚Nathan‘ ein?
b) Welche Beziehung entwickeln die einzelnen Personen zum Geld?

Die Figur der Sittah
a) Charakterisieren Sie die Person der Sittah!
b) Bestimmen Sie ihre Funktion innerhalb der Figurenkonstellation des Dramas!

Text: Gotthold Ephraim Lessing: Über die Wahrheit
a) Fassen Sie die These dieses Textes in eigenen Worten zusammen!
b) Stellen Sie Beziehungen zwischen diesem Text und der Ringparabel her!

(Textgrundlage: Ein Wiederabdruck des Textes findet sich in: E. Bahr [Hrsg.]: Was ist Aufklärung? a.a.O., S. 43)

Die Schlußszene des ‚Nathan‘
a) Interpretieren Sie den letzten Auftritt des ‚Nathan‘!
b) Entwerfen Sie ein Regiekonzept für den letzten Auftritt!

Schreiben an den Intendanten
Setzen Sie ein Schreiben an den Intendanten des Stadttheaters Ihrer Stadt auf, in dem Sie den Vorschlag unterbreiten, Lessings ‚Nathan‘ auf den Spielplan der nächsten Spielzeit zu setzen (vom Spielplan abzusetzen)!

Zu Schillers Aufsatz

Text: Bertolt Brecht: Ist das epische Theater etwa eine ‚moralische Anstalt'? Wie setzt sich Brecht mit der Unterstellung, sein episches Theater sei eine ‚moralische Anstalt', auseinander?

(Textgrundlage: B. Brecht, Gesammelte Werke, Bd. 15, Frankfurt 1967, S. 270–272)

Zur anakreontischen Lyrik

Interpretieren Sie Goethes Gedicht ‚Kleine Blumen, kleine Blätter' als ein Gedicht der Anakreontik!

(Textgrundlage: Goethes Werke, Hamburger Ausgabe, Bd. 1, Hamburg ^{8}1966, S. 25f.)

4 Literaturverzeichnis

Zur Weltanschauung der Aufklärung

Cassirer, Ernst: Die Philosophie der Aufklärung, Tübingen 1932.

Hazard, Paul: Die Krise des europäischen Geistes. Deutsche Ausg. Hamburg 1939.

ders.: Die Herrschaft der Vernunft. Das europäische Denken im 18. Jahrhundert, Hamburg 1949.

Wolff, Hans. M.: Die Weltanschauung der deutschen Aufklärung in geschichtlicher Entwicklung. Bern u. München ²1963.

Zur Literatur des 18. Jahrhunderts

Bark, Joachim u. a. (Hrsg.): Geschichte der deutschen Literatur. Bd. 1 Aufklärung/Sturm und Drang, Stuttgart 1983.

Grimminger, Rolf (Hrsg.): Deutsche Aufklärung bis zur Französischen Revolution. 1680–1789, München 1980 (= Hansers Sozialgeschichte der deutschen Literatur 3).

Hinck, Walter (Hrsg.): Europäische Aufklärung I. Wiesbaden 1974 (= Neues Handbuch der Literaturwissenschaft 11).

Kiesel, Helmuth u. Paul Münch: Gesellschaft und Literatur im 18. Jahrhundert. Voraussetzungen und Entstehung des literarischen Markts in Deutschland, München 1977 (= Beck'sche Elementarbücher).

Kopitzsch, Franklin (Hrsg.): Aufklärung. Absolutismus und Bürgertum in Deutschland. Zwölf Aufsätze, München 1976.

Pütz, Peter: Die deutsche Aufklärung. Darmstadt 1978 (= Erträge der Forschung 81).

Pütz, Peter (Hrsg.): Erforschung der deutschen Aufklärung, Königstein/Ts. 1980 (Neue Wissenschaftliche Bibliothek 94).

Stuke, Horst: Aufklärung. In: Geschichtliche Grundbegriffe. Historisches Lexikon zur politisch-sozialen Sprache in Deutschland, hrsg. von Otto Brunner u. a., Bd. 1, Stuttgart 1972, S. 243–324.

Wessels, Hans-Friedrich (Hrsg.): Aufklärung. Ein literaturwissenschaftliches Studienbuch, Königstein/Ts. 1984.

Wiese, Benno von (Hrsg.): Deutsche Dichter des 18. Jahrhunderts. Ihr Leben und Werk. Berlin 1977.

Wuthenow, Ralph-Rainer (Hrsg.): Zwischen Absolutismus und Aufklärung: Rationalismus, Empfindsamkeit, Sturm und Drang, Reinbek 1980 (= Deutsche Literatur. Eine Sozialgeschichte 4).

Zu Lessings ,Nathan der Weise'

Birus, Hendrik: Poetische Namengebung. Zur Bedeutung der Namen in Lessings ,Nathan der Weise', Göttingen 1978.

Bohnen, Klaus: Nathan der Weise. Über das ,Gegenbild einer Gesellschaft' bei Lessing. In: DVj/S, 53, 1979, S. 394–414.

Göbel, Helmut: Lessings ,Nathan', Berlin 1973.

Hernadi, Paul: Nathan der Bürger. Lessings Mythos vom aufgeklärten Kaufmann. In: Lessing Yearbook, 3, 1971, S. 151–159.

Heydemann, Klaus: Gesinnung und Tat. Zu Lessings ,Nathan der Weise'. In: Lessing Yearbook, 7, 1985, S. 69–102.

von König, Dominik: ,Nathan der Weise' in der Schule. Ein Beitrag zur Wirkungsgeschichte Lessings. In: Lessing Yearbook, 6, 1974, S. 108–138.

ders.: Natürlichkeit und Wirklichkeit. Studien zu Lessings ‚Nathan der Weise', Bonn 1976.

Müller, Joachim: Zur Dialogstruktur und Sprachfiguration in Lessings Nathan-Drama. In: Sprachkunst, 1, 1970, S. 42–69.

Pelters, Wilhelm: Lessings Standort. Sinndeutung der Geschichte als Kern seines Denkens. Heidelberg 1972.

Politzer, Heinz: Lessings Parabel von den drei Ringen. In: German Quarterly, 31, 1958, S. 161–177.

Rohrmoser, Günther: Lessings Nathan der Weise. In: Das deutsche Drama vom Barock bis zur Gegenwart. Interpretationen, hrsg. v. Benno von Wiese, Bd. 1, Düsseldorf 1958, S. 113–126.

Schlütter, Hans-Jürgen: „... als ob die Wahrheit Münze wäre". Zu Nathan der Weise III, 6. In: Lessing Yearbook, 10, 1987, S. 65–74.

Thielicke, Helmut: Vernunft und Offenbarung. Studien über die Religionsphilosophie Lessings, Gütersloh 1936.

Thomas, Werner: Opus supererogatum. Didaktische Skizze zur Interpretation von Lessings ‚Nathan der Weise'. In: Der Deutschunterricht. 3, 1959, S. 41–70.

Eine Sammlung wichtiger Aufsätze zum ‚Nathan' liegt vor in: Bohnen, Klaus: Lessings Nathan der Weise, Darmstadt 1984.